MITTELMEERKÜCHE

Kulinarische Streifzüge

Helen Hankele

MITTELMEERKÜCHE

Kulinarische Streifzüge

Mit 77 Rezepten,
exklusiv fotografiert
für dieses Buch
von
Wolfgang Feiler

SIGLOCH
Edition

KAROLINE

INHALT

In diesem Hafen herrscht reger Verkehr. Die gutmütigen Südländer kämen jedoch nicht auf die Idee sich über das Chaos zu ärgern. So wird das Leben doch erst spannend.

Mittelmeer

So fangfrisch wie am Mittelmeer wird Fisch an kaum einem anderen Ort serviert.

Schließen Sie doch für einen kurzen Moment die Augen und gönnen Sie sich einen Augenblick der Ruhe, einen Traumurlaub im wahrsten Sinne des Wortes. Erinnern Sie sich an Ihren letzten Aufenthalt am Mittelmeer.

Haben Sie es gehört, das gleichmäßige Rauschen des Meeres, das fröhliche Stimmengewirr, das abends auf den Straßen zu hören ist? Konnten Sie spüren, wie die Sonne Ihre Haut wärmt, die vom letzten Bad im Meer noch nach Salz schmeckt?

Können Sie sich an das außergewöhnliche Licht erinnern, das alles in warme Farben taucht und jedes Urlaubsfoto in ein fotografisches Meisterwerk verwandelt? Steigt Ihnen auch jetzt wieder der Duft der leckeren Mittelmeerküche in die Nase und lässt Ihnen das Wasser im Munde zusammenlaufen? Wundern würde uns das nicht, denn die mediterrane Küche ist nicht nur sehr schmackhaft und vielfältig, sondern obendrein auch noch gesund. Wertvolle Zutaten, wie Olivenöl, Gemüse und viele frische Kräuter, sorgen für den einzigartigen südlichen Geschmack. Obendrein liefern sie wichtige Vitamine und Nährstoffe, die gesund, jung und schlank halten.
Die Mittelmeerküche besticht vor allem durch ihre Unkompliziertheit und Vielfalt. Sie ist geprägt von den vielen Einflüssen aus all den unterschiedlichen Ländern, die sich um das Mittelmeer gruppieren. Im Norden begrenzt durch Gibraltar, Spanien, Frankreich, Monaco, Italien, Slowenien, Kroatien, Bosnien und Herzegowina, Montenegro, Albanien, Griechenland und die Türkei, wird das Mittelmeer im Osten von Syrien, dem Libanon, Israel und dem Gazastreifen umschlossen. Ägypten, Libyen, Tunesien, Algerien und Marokko sowie die spanischen Exklaven Ceuta und Melilla sind die Anrainerstaaten im Süden des „Mare Nostrum", wie das Mittelmeer in der Antike bezeichnet wurde. Liebevoll und stolz klingt es, wenn wir die Bezeichnung „Mare Nostrum" – unser Meer hören. Doch die Römer der Antike meinten das weniger bildlich als vielmehr wörtlich. Denn das „Imperium Romanum", das Römische Reich umschloss zeitweise das gesamte Mittelmeer und machte es dadurch tatsächlich zum römischen Meer. Der heutige Name „Mittelmeer" leitet sich ab von dem Begriff „Mittelländisches Meer", oder noch genauer „Europäisches Mittelmeer", was wohl die treffendste Bezeichnung ist, denn es liegt zwischen den Kontinenten Europa, Afrika und Asien. Im Norden ist es vorwiegend von europäischen Ländern umgeben. Vielleicht ist das Mittelmeer wegen dieser Vielfalt an Kulturen an seinen kontrastrei-

Der Petersplatz in Rom ist nicht nur für Pilger immer wieder einen Besuch wert.

Zum Foto auf Seite 2: Was für ein Anblick! Typisch für viele Mittelmeerländer sind – außer dem strahlend blauen Himmel – die weiß gekalkten, flachen Häuser.

TAVERNA-HELONA

chen Ufern für so viele Menschen das Urlaubsziel Nr. 1. Oder liegt es an den wunderbaren Inseln, wie zum Beispiel den Balearen, Korsika, Sardinien, Sizilien, Malta, Kreta, Rhodos oder Zypern? Der besondere Reiz eines Urlaubs am Mittelmeer könnte aber auch von dem völlig anderen Lebensstil der Südländer herrühren. Während wir zu Hause mittags in unseren Büros sitzen und arbeiten, halten die meisten Südländer Siesta.
Das wahre Leben im Süden beginnt gegen Abend, wenn es langsam etwas abkühlt. Erst wenn die Sonne tiefer steht, kann man in den Straßen in Cafés und Wirtschaften draußen sitzen ohne zu schwitzen. Dann ist oft lautes Stimmengewirr und fröhliches Gewusel an der Tagesordnung, denn jetzt erwacht der Süden erst richtig zum Leben. Mit ausladenden Gesten unterhalten sich die Einheimischen bei einem Glas Rotwein oder genießen ein festliches Abendessen im Kreise der ganzen Familie. Straßenfeste und laute Musik stehen an den meisten lauen Sommerabenden auf dem Programm.
So gehen die Tage in der Regel auch erst sehr spät zu Ende. Am nächsten Morgen kann man wieder völlig erholt über den Markt schlendern und sich an dem frischen Obst und Gemüse, das überall das reichhaltige Angebot der einzelnen Stände bestimmt, nicht nur satt sehen. Vielleicht begibt man sich anschließend selbst noch ein wenig an den Strand und erfrischt sich im kühlen Nass, denn gegen Mittag wird es schon wieder ungewohnt warm. Deshalb verzieht man sich, sobald die Sonne am höchsten steht, am besten auch wieder in die kühleren Schlafräume und erholt sich. Nirgends können wir unseren Alltagstrott besser vergessen als in den südlichen Regionen, wo die Lebensfreude scheinbar erfunden wurde. Erkunden Sie auf den nächsten Seiten die bekanntesten Mittelmeerländer, bevor Sie sich daran machen, ihre heimische Küche mit mediterraner Lebensfreude zu füllen.
Sie werden sehen, in Urlaubslaune fällt es Ihnen noch viel leichter, die sowieso schon herrlich unkomplizierten Gerichte selbst nachzukochen und Urlaubsstimmung in den Alltag zu bringen.

Frisches Obst und Gemüse stehen auf dem mediterranen Speiseplan sehr weit oben.

Links: Bei einer Tasse Kaffee lässt sich entspannt über Geschäftliches reden.

Spanien

Kann man mehr Lebensfreude ausstrahlen als diese andalusische Tänzerin?

Doppelseite 10/11: Ein Rebfeld im Sherry-Anbaugebiet in Andalusien

Unsere kleine Reise durch die bekanntesten Länder rund ums Mittelmeer beginnt im Westen, im Land des Flamenco, der Paella und des Stierkampfes – in Spanien. Natürlich kennen wir alle „des Deutschen beliebtestes Urlaubsziel" Mallorca, doch wir wissen auch, dass Spanien noch sehr viel mehr zu bieten hat als Ballermann und Sangria. Spanien ist – und war seit Jahrtausenden – eines der kulturellen Zentren Europas. Es gibt monumentale Städte mit uralten Denkmälern zu bewundern, ebenso wie mit futuristischer Architektur. Auch Landstriche, die völlig unterschiedlich voneinander sind, geografisch, klimatisch, ja sogar in ihrer Persönlichkeit sorgen für Vielfalt.

Das beste Beispiel hierfür ist sicherlich Barcelona. In keiner anderen Stadt Spaniens reihen sich alte und moderne Gebäude so harmonisch aneinander wie hier. Barcelona fasziniert seine Besucher mit einer gelungenen Mischung aus Tradition und Moderne. Man findet sowohl historische Bauwerke aus dem Mittelalter als auch moderne Architektur, oft von dem Architekten Antoni Gaudí. Sogar in kultureller Hinsicht hat Barcelona einiges zu bieten, schließlich haben Künstler wie Dalí und Miró hier gewirkt. Außerdem gilt es als das bedeutendste Wirtschaftszentrum Kataloniens und ist mit etwa 1,5 Millionen Einwohnern nach der Landeshauptstadt Madrid die zweitgrößte Stadt Spaniens. Mit seinem Mittelmeerhafen verfügt Barcelona über eine hervorragende Lage für eine Handels- und Industriemetropole. Zudem hat die Ausrichtung der Olympischen Sommerspiele 1992 der Stadt weltweit viel Aufmerksamkeit und Bekanntheit eingebracht. Was Barcelona für Urlauber jedoch besonders interessant macht, sind zweifellos seine traumhaften Strände. Der warme Sand und das blaue Meer laden förmlich dazu ein, dem munteren Treiben in der Stadt zu entfliehen. Bei einem Strandspaziergang oder beim Baden kann man sich einmalig erholen, den Gedanken freien Lauf lassen und die Zeit für eine kurze Weile einfach vergessen.

Zum Abschalten und sich den kleinen Freuden des Alltags hinzugeben, laden aber nicht nur Spaniens Städte ein, sondern auch die Spanier selbst. Sie sind meist gemütlich und tolerant. Es gehört bei den Einwohnern dazu, dass alles etwas länger dauert und man nicht unbedingt pünktlich ist. Hektik würde sich gar nicht mit der ruhigen Ausstrahlung der Bevölkerung vereinbaren lassen. Vermutlich genießen wir diesen Lebensrhythmus auch deshalb so, weil er in deutlichem Gegensatz zu unserem geregelten und oft stressreichen Alltag in Deutschland steht. Dass die Spanier trotz ihrer Gelassenheit

voller Energie und Lebensfreude stecken, beweisen uns Bräuche wie der Stierkampf oder Tänze wie der Flamenco. Er ist die Musik-Tradition im Süden des Landes, insbesondere in Andalusien. Dort bekommt man erstklassigen Tanz und virtuoses Gitarren-Spiel geboten. Im April findet in Sevilla die „Feria de Abril“ statt – eine ganze Woche lang Tanz, Gesang und Sherry-Wein und die vorzüglichen „Tapas“, kleine Appetithappen. Im Gegensatz hierzu bietet der Stierkampf eine Unterhaltung, der man besser nur beiwohnen sollte, wenn man über ein stabiles Nervenkostüm verfügt. Es ist bestimmt nicht jedermanns Sache, zuzusehen, wie sich der Stier und der Torero meist blutige Kämpfe liefern. In der Regel bezahlt diese der Stier mit dem Leben. Nicht selten kommt es bei traditionellen Stierkämpfen zu schrecklichen Unfällen, bei denen schon so mancher mutige Torero schwere Verletzungen davongetragen hat. Der Stierkampf könnte nicht bestehen ohne den Toro Bravo, den Kampfstier, der einer uralten Rinderrasse, die nur in Spanien überlebt hat, angehört. In den religiösen Kult-Handlungen der iberischen Stämme, die in prähistorischer Zeit in Spanien lebten, spielten Stiere eine bedeutende Rolle. Deshalb sind die Stierkämpfe in den meist gut besuchten Arenen eine wichtige Tradition für die Spanier. Die Corrida, der traditionelle Stierkampf, besteht aus drei durch Horn-Signale getrennten Teilen, die Tercios genannt werden. Normalerweise nehmen drei Toreros an einer Corrida teil, und auf jeden davon entfallen zwei Stiere. Im ersten Tercio verwendet der Torero die Capote, ein

Oben: Sherry reift mehrere Jahre. Der reife Sherry lagert hier in den unteren Fässern. Wird er entnommen, so wird das entleerte Fass mit dem jüngeren Sherry aus den darüber liegenden Fässern aufgefüllt.

Unten: Ein Küfergeselle bei der Herstellung eines Sherry-Fasses. Das Feuer sorgt für das rauchige Aroma des Sherry.

Oben: Was hier wie ein Gemälde eines begnadeten Künstlers anmutet, ist Realität. Solch faszinierende Anblicke bieten sich in der Extremadura an mehreren Stellen.

Unten: In Altamira im heutigen Kalabrien zeugt diese imposante Höhlenmalerei sowohl von den künstlerischen Fähigkeiten der altsteinzeitlichen Kultur als auch von kulinarischen Vorlieben der damaligen Zeit.

relativ großes Tuch von purpurroter und gelber Farbe. Zwei berittene Picadores, die den Stier mit einer Lanze abwehren, kommen dann in die Arena. Im zweiten Teil stehen nun die Banderilleros im Mittelpunkt. Sie müssen zwei Banderillas, mit bunten Bändern geschmückte Spieße, in den Rücken des angreifenden Stieres stoßen. In der abschließenden „Suerte suprema" verwendet der Torero die Muleta, ein kleines rotes Tuch. Nun muss er seine faena, seine Meisterschaft im Umgang mit dem Stier, beweisen und ein künstlerisches Gleichgewicht zwischen menschlicher Geschicklichkeit und animalischer Kraft herstellen. Am Ende der Corrida tötet der Torero den Stier, indem er ihm sein Schwert in den Nacken stößt.
Weitaus weniger umstritten als dieses blutige Schauspiel ist die spanische Küche. Sie ist nämlich weithin als reichhaltig und vielseitig bekannt, genau wie das Land selbst. Bei den Spaniern gilt das Abendessen als die wichtigste Mahlzeit des Tages. Verglichen mit Deutschland geht man in Spanien recht spät zum Abendessen, meist erst zwischen 20 und 22 Uhr und lässt sich dann auch noch sehr viel Zeit. Beim Essen wird viel und lange geredet, sodass ein Abendessen mitunter mehrere Stunden dauern kann. Dafür fällt das Mittagessen eher klein aus und auch das Frühstück ist mit einer Tasse Kaffee und eventuell einem kleinen Stück Gebäck nicht gerade als üppig zu bezeichnen.
Die Vielseitigkeit der spanischen Küche rührt von den unterschiedlichen Einflüssen der einzelnen Regionen her. So kann man Spanien nicht nur geographisch und kulturell, sondern auch kulinarisch unterteilen.

Der Norden ist eines der gastronomisch reichhaltigsten Gebiete. Die Fische und Meeresfrüchte von Galicien gehören zu den besten auf der Welt und werden hier hervorragend zubereitet. Die baskische Küche ist international bekannt und ihre Rezepte für Kabeljau wie auf Art Pil-Pil oder auf vizcainische Art und ihre schmackhaften Aale zählen zu den größten Reizen der spanischen Küche. In Asturien muss man einfach die Fabada, einen einzigartigen Eintopf auf der Grundlage von dicken Bohnen, die Käsesorten dieser Region und natürlich den Apfelwein (Sidra) probieren. Rund um die Pyrenäen gibt es allerlei Saucen „Chilindrones". Aragonien bietet uns eine Unmenge von Speisen an, die mit dieser schmackhaften Sauce zubereitet werden, und auch den hervorragenden Schinken von Teruel. Katalonien ist das Gebiet der Schmorfleischgerichte. Außer diesen typischen Speisen sind auch hier die guten Wurstwaren, Käsearten und Saucen hervorzuheben, einige sogar mit internationalem Ruf, wie die Alioli-Sauce. Valencia und seine Umgebung ist die Gegend der Reisgerichte. Zusammen mit der weltberühmten Paella können die Valencianer ein hervorragendes Reisgericht mit allen Arten von Zutaten wie Fleisch, Huhn, Meeresfrüchten, Gemüse oder Fisch zubereiten. Ausgezeichnet sind auch die Eintöpfe oder Reisgerichte der Gegend um Murcia. In Andalusien stehen frittierte Speisen hoch im Kurs, unübertrefflich sind die Fische. Ebenso wie der Gazpacho, eine ausgezeichnete kalte Gemüsesuppe, ist auch der Schinken von Jabugo aus der Provinz Huelva eine wahrhafte Delikatesse. Im Zentrum Spaniens gelten Braten aller

Typisch für Katalonien: ein idyllisches Dorf und ein Essen in froher Runde.

Der Fischmarkt in Barcelona ist für Liebhaber von Meeresfrüchten ein absolutes Muss.

Die heißgeliebte Paella – nirgends schmeckt sie so gut wie in Valencia. Hier wird das Nationalgericht Spaniens mit fangfrischen Zutaten zubereitet.

Rechts: Des Deutschen liebstes Urlaubsziel: Mallorca. Bei Ses Animas zeigt sich die Insel von ihrer weniger touristischen, ursprünglichen Seite. Das wissen auch die Festlandspanier zu schätzen, die hier ebenfalls ihren Urlaub verbringen.

Art als Spezialität. Lamm, Kalb, Spanferkel, Zicklein und andere hervorragende Fleischsorten werden im Holzkohleofen langsam gebraten und erhalten so einen delikaten Geschmack. Gute Schinken- und Käsesorten und die besten Wurstwaren Spaniens vervollständigen das Angebot dieser Regionen. Madrid, das sehr mit Kastilien verbunden ist, verdient extra genannt zu werden, denn es bietet eine große Anzahl von für diese Stadt typischen Gerichten. Darunter sind der Cocido, ein sehr reichhaltiger Gemüse- und Fleischeintopf, die Kutteln auf Madrider Art und die auserlesenen Süßigkeiten.

Ein wichtiges Kapitel der spanischen Küche stellt die Gastronomie der Inseln dar. Die Balearen haben einige berühmte Spezialitäten geschaffen, die in die ganze Welt exportiert werden. Darunter die Mayonnaise, die ursprünglich aus der Stadt Mahon auf Menorca kommt. In Mallorca sind die Ensaimadas, ein leichtes Blätterteiggebäck, und die Sobreasada, eine sehr schmackhafte Wurstart, besonders bekannt. Die Kanarischen Inseln bieten eine sehr einfallsreiche Küche, mit der sie die für eine Insel typische Einschränkung der Versorgung überwinden wollen. Vieles basiert auf Fisch. Nicht zu vergessen die bekannte pikante Sauce „Mojo“.
Außerdem sind natürlich besonders die auf den Inseln wachsenden tropischen Früchte, wie Bananen, Avocados und Papayas zu nennen.
Besonders in den letzten Jahren, in denen talentierte neue Köche neben der traditionellen spanischen Küche gefördert worden sind, konnte das gastronomische Ansehen Spaniens enorm etabliert werden. Die spanische Küche kletterte auf einen der ersten Plätze unter den besten Küchen Europas.

Frankreich

Wenn die Weintrauben reif sind, wird zur Ernte jede helfende Hand gebraucht.

Doppelseite 18/19: Weite, von Sonnenlicht durchflutete Lavendelfelder prägen den französischen Süden.

Überquert man die Pyrenäen im Norden Spaniens, so gelangt man in das Land, das man eigentlich sofort mit Essen und Trinken in Verbindung bringt – Frankreich. Rotwein, Käse, Baguette und Froschschenkel, das sind mit Sicherheit die bekanntesten Schlemmereien, die dieses Land der Haute Cuisine zu bieten hat. Doch Frankreich ist auch das Land der Dichter und Denker, Künstler und der Mode. Dies wird ganz deutlich, wenn wir an seine schillernde Hauptstadt denken: Paris. Mit seinem Wahrzeichen, dem Eiffelturm, macht es allen Besuchern unmissverständlich klar: Dies ist ein ganz besonderes Land. Voller Schönheit, voller Gegensätze, voller Stolz, voller Liebenswürdigkeit, voller Arroganz und voller Charme, ein extravagantes Land. Frankreich gehört unter den Ländern Europas eindeutig zu den „Exzentrikern“. Ähnlich wie in England zeigt man in diesem Land seine Eigenarten, seine individuelle Lebensart und den besonderen Charakter der Menschen gerne und mit Stolz. Es ist nicht nur der provinzielle Stolz, der hier zur Schau getragen wird – die Franzosen sind ebenso stolz darauf, dass sie Bürger Frankreichs

sind, wie sie vielleicht mit Stolz ihre Zugehörigkeit zur Normandie, zur Bretagne oder zu Paris ausdrücken. Das Savoir-vivre, das Wissen vom Leben, wie die Franzosen ihre besondere Lebensart bezeichnen, ist wahrscheinlich noch weitaus wichtiger für das französische Selbstverständnis als der besondere Umgang mit der eigenen Sprache. Diese schützen die Franzosen so gut wie möglich vor allem vor amerikanischen Einflüssen. Französische Lebensart ist sprichwörtlich, und ihr wird ein mondäner und sinnlicher Charakter zugeschrieben, dem die Franzosen in der Tat gerne frönen. Diese besondere Lebensart in wenigen Worten zu umreißen ist nicht einfach. Klassische Vorstellungen von der französischen Lebensart sind Wein, Liebe und gutes Essen, drei Aspekte, die in der Tat von sinnlichen Menschen in aller Welt geschätzt werden.
Auch die Franzosen selbst genießen sie in vollen Zügen. Vielleicht ist es auf dieses besondere Verhältnis zur Sinnlichkeit zurückzuführen, dass man Frankreich als das Land und Paris als die Stadt „der Liebe" bezeichnet, dass französischer Rotwein bei Sommeliers in aller Welt eine

Auf Schritt und Tritt stößt man fast überall im Land auf Reben. So auch am Fuß der Montagne du Lubéron.

Oben: Beim Pétanque, dem Nationalsport der Franzosen, wird genau gemessen.

Rechts: Außer am Mittelmeer hat Frankreich, das Land mit den weltweit meisten Touristen, zum Beispiel auch in der Normandie am Ärmelkanal – hier die Felsen von Etretat – großartige Küsten zu bieten.

besondere Bedeutung besitzt, und dass schließlich auch die französische Sprache jenseits der Grenzen des Landes einen vielleicht nicht unumstrittenen, aber schließlich doch eindeutigen Ruf besitzt.

Bei all dieser Sinnlichkeit nimmt natürlich auch das Essen eine ganz besondere Bedeutung in Frankreich ein. Die französische Art zu kochen hat für viele Jahrzehnte die besten Küchen auf der ganzen Welt beherrscht.

Auch die sehr französische Kombination von Rotwein, Brot und Käse hat einen ganz eigenen, besonderen Charakter. „Leben wie Gott in Frankreich" sagte man noch vor nicht allzu langer Zeit in Deutschland, wenn man seine Vorstellung von einem guten und sinnenfrohen Leben ausdrücken wollte. Dieser Idee hängen auch die Franzosen gerne nach, auch wenn nicht jeder Franzose immer wie „Gott in Frankreich" lebt. In Frankreich isst man gerne und gut, allerdings auf eine Art, die mit der deutschen Vorstellung einer intensiven Mahlzeit nicht unbedingt viel zu tun hat. Dies drückt sich auch darin aus, dass Franzosen weniger unter Übergewicht leiden als Menschen in vielen anderen Ländern, auch wenn sie als echte „Schlemmer" bekannt sind. Nicht umsonst ist Frankreich für Genießer das Schlaraffenland schlechthin.

Es ist die Kombination von Qualität und Vielfalt, die das Besondere der verwendeten Lebensmittel ausmacht. Die Qualität der französischen Lebensmittel beruht auf einer jahrhundertealten Tradition, auf Kapriolen der Natur, auf dem Erfindungsgeist von Mönchen und Bauern und auf einem harmonischen Zusammenspiel von Boden, Klima, Mensch und Tier. Die französische Küche ist sehr viel mehr als nur eine Reverenz an die hoch gelobte Haute Cuisine, über die wir in Hochglanzheften lesen und heftigst diskutieren. Sie ist gleichzeitig klassisch und individuell, und wir können sie alle – egal ob Meisterkoch oder Anfänger – selbst zu Hause nachkochen und genießen. Das Bedürfnis nach dem Normalen und Bodenständigen hat die alten Traditionen bewahrt, aus schlichten, aber hochwertigen Zutaten unverfälschte Gaumenfreuden zu schaffen. Wer sich nach der ursprünglichen, traditionellen Küche sehnt, findet in Frankreich phantastische Anregungen.

Zu Unrecht gilt die französische Küche als kompliziert, arbeitsaufwendig und teuer. Die Kultur der einfachen Küche besinnt sich auf den Wohlgeschmack ihrer Gerichte und den unerschöpflichen Reichtum an Snacks, Salaten, Suppen, Eintöpfen, Fisch- und Fleischgerichten und – nicht zu vergessen – den süßen Verlockungen.

Das Savoir-vivre zu genießen ist bei der Vielzahl an Cafés in Frankreich nun wirklich ein Leichtes.

Nur selten serviert man in Frankreich einen einzelnen Gang. Trotzdem ist eine Menüplanung alles andere als schwierig. Eine typische Mahlzeit in Frankreich besteht heute aus einer leichten Vorspeise, einem Hauptgericht, Käse und einer Nachspeise. Dabei ist es für den Franzosen selbstverständlich, sich die Zeit zum Genießen zu nehmen. Ein direkter Einstieg in ein Essen erscheint unseren französischen Nachbarn unvorstellbar. Sie sind überzeugt, dass es gesünder ist, erst den Magen vor dem Hauptgang zu öffnen. Darum gibt es vor dem Hauptgang stets ein Entree. Dem Vorspeisenregister, ob warm oder kalt, sind in Frankreich keine Grenzen gesetzt. Die Soupe au Pistou, eine provenzalische Gemüsesuppe mit Basilikum, oder eine französische Zwiebelsuppe können auf den Hauptgang einstimmen. Ebenso eignen sich ein Salat mit gebackenem Ziegenkäse oder kleine gefüllte Quiches, die warm serviert werden. Die breite Palette der Geflügelsorten lässt sich auf vielerlei Art zubereiten und wird allen Traditionen gerecht. Ob mit Knoblauch, Senf, Cidre oder Riesling – auch hier zeigt sich regionale Vielfalt. Beispiele für regionale Spezialitäten sind die Pute auf Ratatouille-Gemüse, ein provenzalisches Gericht, oder der Hahn in Riesling aus dem Elsass. In Lothringen, im Elsass und im Norden steht das Schweinefleisch im Mittelpunkt traditioneller Gerichte. Es passt gut zu Kohl und Bier und ist die passende Begleitung zu Sauerkraut, das im Elsass gern gegessen wird. Porc aux deux pommes, Schweinekoteletts mit Äpfeln und Kartoffeln, vereint Himmel und Erde. Während im Süden mit Wein gekocht wird, verwenden die Regionen im Norden und Osten Bier in der Küche. Der Gerstensaft verleiht den Gerichten eine herbe, deftige Note. Ein Beispiel wäre Echine à la bière, Schweinefleisch im Biersud. Der Verzehr von Rindfleisch ist erst im letzten Jahrhundert populär geworden. Heute bekommt man in Frankreich ganz besonders feines und zartes Rind-

fleisch. Am gefragtesten sind das Charolais-Rind aus der Bourgogne und das Limousin-Rind aus Zentralfrankreich. Ein sehr bekanntes Gericht ist das aus der Bourgogne stammende Boeuf Bourguignon. Sogar im Pot au Feu, einem Fleisch-Gemüse-Eintopf, findet sich neben der Poularde das beliebte Kalbfleisch.
Berühmt ist Frankreich auch für den Reichtum seiner Meere. Jede Region ist bestrebt, Fischgerichte mit ihren typischen Spezialitäten zu bereichern – sei es mit Cidre in der Normandie, Muscadet im Loire-Tal oder Knoblauch in der Provence. Im Elsass gibt zum Beispiel der Riesling dem Zanderfilet eine besondere Note. Dorade im Rotweinsud ist ein Fischgericht, das vor allem mit Landweinen aus dem Süden zubereitet wird. Einfache Zubereitungsarten – Braten in der Pfanne, Grillen, Dünsten und Backen im Ofen – wecken die Lust auf Fisch. Um den Eigengeschmack des Fisches nicht zu überdecken, wird dieser mit auf Gemüse- oder Fischfonds basierenden Saucen kombiniert. Mit über 500 Sorten bietet französischer Käse eine unermessliche Vielfalt, da ist die Wahl nicht immer leicht. Der Käseteller besteht meist aus verschiedenen Käsesorten von Weich-, Hart- und Edelpilzkäsen. Dabei bieten sich

Wer würde hier nicht gerne gemütlich entlang schlendern und einfach all die Geräusche, Düfte und Eindrücke auf sich einwirken lassen?

"BAR DE LA
FRANCE

die milderen Weichkäse wie ein Camembert de Normandie oder ein Pont l'Evêque als Einstieg in das Käsevergnügen an. Hartkäse bzw. Halbfeste wie Comté, Morbier oder Beaufort, ein Bergkäse aus den Savoyer Alpen, runden zusammen mit einem Roquefort den Käsegenuss ab. Brot ist der ideale Begleiter. Wie beim Käse sollte auch hier die Abwechslung nicht fehlen. Nicht nur das Baguette und weißes Brot, sondern auch dunkle Brotsorten passen hervorragend dazu.
Auch der Franzose kann sich dem Reiz des Süßen nicht verschließen. So entwickelten sich beispielsweise Crêpes zu einem der beliebtesten Desserts. Bei den süßen Füllungen sind den kulinarischen Phantasien keine Grenzen gesetzt. Auch einfach zubereitete Fruchttartes mit hauchdünnem Boden und dickem Fruchtbelag werden oft als Nachspeise gereicht. Häufig wird das Dessert als süßer Abschluss aber auch durch Obst ersetzt. Vom Frühjahr bis in den Herbst stellen die französischen Obstgärten eine Vielzahl von Früchten zur Auswahl. Im Sommer locken unter anderem vollreife Melonen, schmackhafte Aprikosen und Pfirsiche. Im Herbst laden dagegen aromatische Äpfel und Birnen zum knackigen Obstgenuss ein. Neben seiner reizvollen Küche bietet Frankreich auch eine Landschaft, die dazu anregt, das Leben zu genießen. Wer würde nicht ins Schwärmen geraten, wenn er an das endlose Lila der Lavendelfelder denkt, oder sich an der Côte d'Azur von der Sonne bräunen lässt und sich zwischendurch mit einem Sprung ins kühle Nass erfrischt. Dann sind da noch die aufregenden Städte Frankreichs, wie Paris, Nizza, Toulouse, Bordeaux … Ein Land, das für einen abwechslungsreichen Urlaub, der von den Genüssen des Lebens bestimmt sein soll, wie geschaffen ist

Die Französinnen sind bekannt für ihr angenehmes Erscheinungsbild und ihren eleganten Kleidungsstil.

Links: Voller Leben – der Fischerhafen Cassis in Bouches-du-Rhône.

ITALIEN

Verlässt man das Land des Weines Richtung Osten, gelangt man nach Italien, das Land, dessen Einwohner das Mittelmeer in der Antike als „Mare Nostrum", „Unser Meer" bezeichneten. Damals, wie heute, spielte Italien eine zentrale Rolle in der weltweiten Kunst und Kultur. Die Italiener haben in den Bereichen der Skulptur, der Architektur, Malerei, Literatur und der Musik von der ganzen Welt bewunderte Meisterwerke hervorgebracht. Keine andere Nation hat die europäische Musik in dem Maß geprägt wie die Italiener. Die Werke von bildenden Künstlern wie Giotto, Fra Angelico, Michelangelo, Leonardo da Vinci, Raffael, Tizian und Amedeo Modigliani, Komponisten wie Vivaldi, Donizetti, Puccini, Rossini und Verdi sowie von Schriftstellern wie Dante, Boccaccio und Umberto Eco genießen weltweite Anerkennung. Doch nicht nur italienische Musik, wie vor allem die Opern, ging um die ganze Welt, auch italienische Speisen starteten einen Siegeszug in ganz Europa. Es gibt wohl kein Kind, das nicht weiß, was eine Pizza oder Spaghetti sind. Italiens Küche zählt kulturell mit zum wichtigsten Erbe des Landes.

Essen ist eine nationale Leidenschaft, und in ihr kommt zum Ausdruck, wie sehr die Italiener das gute Leben lieben und genießen. Die Italiener verfügen über die außergewöhnliche Fähigkeit,

Pizza – am besten schmeckt sie eben doch in ihrem Heimatland.

Links: Wie hier auf dem Weingut „Il Greppo" prägen Zypressen große Teile der toskanischen Weinlandschaft.

Doppelseite 28/29: Bei Sonnenuntergang erstrahlen die Gebäude am Arno-Ufer in Florenz in leuchtendem Gold.

jedes gemeinsame Essen zu einem vergnügten Ereignis werden zu lassen. Ein Phänomen, das man auch immer wieder in deutschen Pizzerien beobachten kann. Kaum beginnt die italienische Familie sich über ihrem Essen zu unterhalten, steigt der Lautstärkepegel an, das Lachen nimmt zu und anhand der lebhaften Gesten, mit denen die Familienmitglieder ihre Worte unterstreichen, kann man schon beim Zusehen erahnen, wie viel Spaß das gemeinsame Essen macht. Allein dieser Anblick reicht aus, um uns in Urlaubsstimmung zu versetzen und uns unseren Alltagsstress zumindest für einige Minuten vergessen zu lassen. Die lang gezogene „Stiefel"-Form des Landes, die weit ins Mittelmeer hineinragt, sorgt dafür, dass Italien über besonders viele Küsten und Strände verfügt. Das milde Klima und die unzähligen Badestrände bilden nur ein Highlight, das Italien als Urlaubsziel auszeichnet. Neben Erholung findet der kulturhungrige Urlauber hier auch geschichtsträchtige Städte, wie Rom, Florenz, Pisa, Ostia Antica, Venedig oder Mailand, die aufgrund ihrer Schönheit und vielfältigen Architektur auch Kulturmuffel jeden Alters begeistern. Genauso vielfältig wie die Städte Italiens sind auch seine Regionen. Ob Kalabrien, Umbrien, Sardinien, Sizilien, oder die Toskana, jede der zwanzig Regionen Italiens hat ihren ganz eigenen

Charakter und Charme. Die Umgebung ist für Italiens Köche immer eine Quelle der Inspiration gewesen. Die besondere Geographie des Landes mit seinen Bergen, dem Meer, den fruchtbaren Flusstälern und trockenen Gebieten hatte verschiedenartige Entwicklungen von Speisen zur Folge, die so außergewöhnlich sind wie die Landschaft selbst. Im Norden sorgen aus den Alpen kommende eiskalte Flüsse für saftige Wiesen, auf denen Rinder weiden, die fette Milch und zartes Fleisch liefern. Über Kanäle wird das Flusswasser zu ausgedehnten Reisfeldern geleitet, und auch Korn, Obst und Gemüse gedeihen hier üppig. An malerischen Seen und der wunderschönen nördlichen Adria holen die Fischer volle Netze ein, und an der Riviera verbreitet die vom Meer kommende Brise den Duft aromatischer Kräuter. In den trockenen Regionen, in der Mitte und im Süden des Landes, wachsen in den grünen Ausläufern der Apenninen Olivenhaine, zwischen denen Schafe und Ziegen weiden, während in den Ebenen Durumweizen gedeiht. Kräftige Sonne sorgt dafür, dass die hoch geschätzten einheimischen Obst- und Gemüsesorten ihren Geschmack voll entfalten können. Die Spitze Italiens wie auch Sardinien und Sizilien sind rundum von der Weite des Mittelmeeres umgeben, und überall prägen weinbewachsene Hänge die Landschaft.

Frische, hochwertige Nahrungsmittel bilden den Kern der italienischen Küche. Es erscheint wie eine göttliche Fügung, dass das Land solch eine Fülle an natürli-

Die Cinque Terre sind fünf Dörfer im Süden Liguriens und ein beliebter Treffpunkt für Künstler. Malerisch thront Vernazza unmittelbar über dem Meer.

Links: Kurz nach der Weinlese finden sich in Italien an allen Ecken und Enden, in allen Straßen und Gassen spontane Weinschenken.

Für die Küche der Toskana besonders wichtig: Der Pecorino, der Schafskäse, der hier seine Heimat hat.

chen Schätzen zu bieten hat. Auf den belebten Märkten der großen und kleinen Städte, auf denen die Köche des Landes täglich ihre Einkäufe tätigen, lassen die großartigen Auslagen der Nahrungsmittel ein Bild entstehen, das wahrlich sehenswert ist. Natürlich spielt die Geschichte des Landes bei der Entstehung seiner kulinarischen Tradition eine ebenso große Rolle wie bei der Entwicklung seiner Kultur.
Die Republik Italien besteht aus zwanzig Regionen, von denen vor der Einigung des Landes Mitte des 19. Jh. viele unabhängige Königreiche und Republiken waren. Jede Region hat ihre besonderen geographischen, klimatischen, historischen, gesellschaftlichen, sozialen und politischen Eigenheiten, die den Essgewohnheiten und der Küche ihren lokalen Charakter verliehen. So gibt es in Italien seit langem eine ungewöhnlich große Vielfalt regionaler Gerichte, die in ihrem Abwechslungsreichtum einzigartig unter den europäischen Küchen sind. Frisch und einfach – das ist italienische Küche. Komplizierte Mehlsaucen oder kunstvolle Maskeraden sind ihr fremd. Der unverfälschte Geschmack frischer einheimischer Produkte wird durch einen Hauch des passenden Gewürzkrautes betont: Bescheidenste Gerichte werden so zum Meisterwerk. Da Frische wesentlich zum Gelingen eines Gerichts beiträgt, haben die Essgewohnheiten ihren regionalen Charakter bewahrt – wenngleich natürlich einige regionale Spezialitäten ganz Italien eroberten. Bis 1871 war die Halbinsel in Königreiche, Herzog- und Fürstentümer sowie Stadtstaaten zersplittert; im kulinarischen Bereich sind die einzelnen Regionen bis heute autonom geblieben. Stolz auf ihre Herkunft, sprechen Einheimische nie von „italienischer“, sondern nur von toskanischer, venetischer, römischer oder sizilianischer Küche. Die Geschichte zweier Grundnahrungsmittel – Pasta und Polenta – lässt sich bis ins 9. Jh. v. Chr. zurückverfolgen. Damals besiedelten die Etrusker, ein kulturell hoch entwickeltes Volk, die Umgebung Roms und die Toskana. Sie brachten die Pasta auf die Halbinsel. Auf einer etruskischen Grabstätte erkennt man Wasserkrug, Mehlsack, Nudelrolle und Teigrädchen – alle erforderlichen Utensilien für die Herstellung von Tagliatelle. Polenta, eine Art Buchweizenbrei, kam schon im alten Rom auf den Tisch.
Als die Maispflanze aus Amerika eingeführt wurde, ersetzten die Bewohner der Regionen Friaul und Venetien Weizen durch Maismehl. Heute ist gelbe Maismehl-Polenta ein in ganz Norditalien weit verbreitetes Nahrungsmittel. Nur noch im Veltlin wird Polenta aus Buchweizenmehl zubereitet. Klima und Landschaft prägen den Charakter jeder Kü-

che. Die Winter im Norden sind streng und lang. Hier stärken herzhaft-kräftige Gerichte Leib und Seele. Süditaliens sonnendurchglühter, vulkanischer Boden inspiriert zu feurig-würzigen Saucen; in Mittelitalien findet man eher milde, ausgewogene Kompositionen.
In kulinarischer Hinsicht verdanken wir den Italienern noch sehr viel mehr als nur Pizza und Pasta. Auch einige Getränke, auf die wir nicht mehr verzichten möchten, haben wir von den Bewohnern des „Stiefels" übernommen. Italien zählt zu den klassischen Weinländern. Namen wie Chianti, Valpolicella oder Soave kennt fast jeder und auch Prosecco erfreut sich anhaltender Beliebtheit. In Italien wird mehr Wein als in jedem anderen Land erzeugt. Es gibt eine unglaubliche Vielzahl verschiedener Weinstile, was zum einen an ein paar hundert angebauten Traubensorten liegt, zum anderen aber auch an den verschiedenen klimatischen Bedingungen der einzelnen Anbaugebiete und den unterschiedlichen traditionellen Weinbereitungsverfahren. Neben dem Saft der Götter gibt es da noch eine weitere typisch italienische Art des Getränks: Cappuccino, Espresso und Latte Macchiato, die leckeren Energiespender, ohne die wir so manchen anstrengenden Tag gar nicht überstehen würden.

Ursprungsland des Kaffees ist eigentlich Asien und obwohl es die Türken waren, die das braune Getränk in Europa beliebt gemacht haben, waren es doch die Italiener, die es letzten Endes schafften, den Kaffee in ganz Europa bekannt zu machen. Bereits in der Mitte des 16. Jh. interessierten sich viele europäische Alchimisten für die Kaffeepflanze, die sich bis dahin im arabisch-afrikanischen Raum weit verbreitet hatte. Anfang des 17. Jh. brachten venezianische Kaufleute die ersten Kaffeesäcke nach Europa. Das schmackhafte und anregende Getränk wurde schnell beliebt und breitete sich rasch aus. Danach war es für die einfallsreichen Italiener ein Leichtes, den Kaffeegenuss zu perfektionieren. Sie bereiteten das Heißgetränk vor allem mit heißem Milchschaum, wie beim Cappuccino oder beim Latte Macchiato, in Anlehnung an die Kaffeezubereitung der Österreicher, besonders lecker zu.

Das Dolce Vita lässt sich in den Straßencafés Italiens besonders gut genießen.

Griechenland

Südöstlich von Italien, auf dem Landweg von hier aus über das ehemalige Jugoslawien zu erreichen, liegt die „Wiege Europas", Griechenland. Das Land der tausend Mythen und Helden, Heimat der Götter und Göttinnen. Die Geschichten von Zeus, Dionysos, Apollon, Aphrodite, Helena & Co. um Liebe, Macht und Intrigen haben die Menschen seit jeher fasziniert und finden auch heute noch Eingang in die moderne Literatur oder dienen sogar Hollywood als Drehbuch. Kennzeichnend für Griechenland allgemein ist die erstaunliche Vielgestaltigkeit des Landes.

Auf der einen Seite hoch aufragende Berge und Gebirgsmassive, wie Griechenlands „Rückgrat", der Pindus, der Olymp und die nur da und dort von Tälern unterbrochenen Bergketten Thrakiens und Makedoniens, in denen zahlreiche kleine Flüsse entspringen. Auf der anderen Seite ein verschlungenes Spitzenband, das die Küsten des Festlandes säumt. Diese immer wieder überraschende Zerklüftung der Küste in tausende von Buchten ist es, die diesem Land eine ganz besondere Schönheit, seinen einmaligen Reiz verleiht. Ebenso reich gegliedert wie das Festland bietet sich auch der Meeresboden dar, der einst, vor Millionen von Jahren, über dem Meeresspiegel lag – eine Landbrücke nach Kleinasien.

In Griechenland werden noch Esel in der Landwirtschaft zum Transport schwerer Lasten genutzt.

Griechenland ist bekannt für seine architektonischen Meisterwerke. Eines davon, der Parthenon, der Tempel der jungfräulichen Athena auf der Akropolis, ist rechts oben auf dem Bild zu sehen.

Eine verwinkelte Gasse, ein kleines weißes Haus und leuchtend blaue Türen und Fensterläden – die Idealvorstellung eines typisch griechischen Dorfes.

Das malerische Postkartenbild der weißgekalkten Inseldörfer vor tiefblauem Meereshintergrund dürfte uns allen bekannt sein. Doch darüber hinaus gibt es viele spannende, aber weniger bekannte Orte, die einen Besuch wert sind. Zu diesen zählen die weiten Seenplatten im Naturschutzgebiet um Florina, im Norden an der Grenze zu Albanien. Ein noch sehr ursprüngliches Naturreservat nahe der türkischen Grenze mit dem Namen Dadia gilt ebenfalls als Geheimtipp. Hier sind neben vielen seltenen Vogelarten sogar wilde Wölfe und Bären zu Hause.
Außerdem findet man recht häufig alte Thermalbäder, so genannte „Loutra“ oder „Hamams“, z. B. in Aridaia, ca. 100 km von Thessaloniki nahe der bulgarischen Grenze gelegen, wo heißes schwefelhaltiges Heilwasser aus der Erde sprudelt. Die Griechen sind bekannt für ihre Gastfreundschaft und ihre rauschenden Feste, zu denen schon einmal das gesamte Dorf samt allen gerade anwesenden Urlaubern eingeladen wird.
Wer so feiern kann, der kann natürlich auch kochen. Die griechische Kochkunst ist stark beeinflusst von der türkischen Küche, die wiederum persische, arabische und byzantinische Einflüsse in sich vereint hat. Denn bei ihrem Eroberungszug nach Westen fanden die Türken auch das griechisch sprechende byzantinische Reich mit seiner in tausend Jahren verfeinerten Lebensart vor. Schon die Süßpeisen Griechenlands, die auf der Zunge zergehen, verraten, wie nahe der Orient ist. Aber noch mehr die mal intensiv, mal phantasievoll gewürzten Speisen – ein Hinweis darauf, dass die Handelsrouten für indische Gewürze früher durch den Mittelmeerraum nach Europa gingen. Auch die Griechen schätzen Lammfleisch sehr, doch Rind und Schwein stehen ebenfalls auf der Speisekarte. Schweinefleisch ist ihren moslemischen Nachbarn ja aus religiösen Gründen verboten. Ob Ouzo oder Raki – Anisschnaps trinkt man dies- wie jenseits der Ägäis

nach einem leckeren Essen. Auberginen werden überall in Griechenland und dem Vorderen Orient auf vielfältige Weise zubereitet. Mehr als hundert verschiedene Rezepte soll es geben. Das wohl bekannteste dieser Rezepte ist die Moussaka, bei der Auberginenscheiben mit Fleisch oder Gemüse in eine Auflaufform geschichtet und gebacken werden. Von diesem Gericht allein gibt es wieder unzählige regionale Varianten. Es ist jedoch nicht nur der Austausch mit der Türkei und den anderen Nationen im östlichen Mittelmeerraum, der die Eigenart der griechischen Küche hervorgebracht hat. Zu nennen sind hier auch das Olivenöl und frische Kräuter wie Oregano und Thymian, die in diesem sonnigen Land eine Geschmacksfülle entwickeln, nach der sich die Bewohner nördlicher Regionen oft sehnen. Der ideale Begleiter für die deftigen Spezialitäten Griechenlands ist der leicht bittere Retsina. Diesem Weißwein wird bei der Gärung Pinienharz zugesetzt. Die Griechen folgen hierbei einem uraltem Brauch. Schon in der Antike wurde Wein durch Harz konserviert, damit er sich in den tönernen Amphoren lange hielt. Es waren die alten Griechen, die die Weinrebe in den Mittelmeerraum eingeführt und damit die europäische Weinkultur begründet haben. Bei all diesen Köstlichkeiten ist es eigentlich kaum verwunderlich, dass sich die antiken Götter gerade den Olymp in Griechenland als ihren göttlichen Wohnsitz auserkoren haben.

Den Hafen von Gythion zieren zum Trocknen aufgehängte Tintenfische.

BAKKAL
BEKİR TERZİOĞLU

TÜRKEI

Verlassen wir nun Griechenland und ziehen weiter auf unserem Streifzug rund ums Mittelmeer, gelangen wir in das Land, aus dem viele Elemente der mediterranen Küche stammen, in die Türkei. „Wähle deinen Freund nach dem Geschmack seines Essens.“ Dieses türkische Sprichwort zeigt, wie wichtig das Essen in der Türkei eingeschätzt wird. Die türkische Küche und ihre Entwicklung sind eng mit der Ausdehnung des Osmanischen Reiches verknüpft, dessen geographische Spannweite von Mittelasien nach Marokko und vom Jemen bis fast nach Wien reicht. Das spiegelt sich auch in der Vielfalt der türkischen Küche wider. Eine traditionelle türkische Mahlzeit besteht aus einer Vielzahl kleinerer Happen, den „Meze“. Früher waren 20 bis 30 solcher Appetitanreger durchaus normal. Von Sultan Mahmut, der im 18. Jahrhundert lebte und regierte, wird berichtet, dass er sich oftmals zweiundsiebzig Gänge servieren ließ. Gutes Essen hat im Orient eine lange Tradition. Als im 16. Jh. das Osmanische Reich an Größe und Wohlstand gewann, entwickelten die Herrscher Lust an eleganten Sitten und Speisen. Die Küche wurde zunehmend ein wichtiges Element im sozialen Leben der führenden Schichten. Gute Köche konnten großen Wohlstand und Ruhm erreichen, wenn sie den Gaumen des Sultans überzeugten. Die ersten Köche waren vielfach griechische und armenische Sklaven, die im Krieg gefangen oder auf dem Markt gekauft wurden. Sie brachten ihre Kochkünste aus ihren Herkunftsländern, dem Balkan und Eurasien, mit. Später entwickelte sich in der Türkei die Kochkunst als eigenständiges Berufsbild. Besonderen Ruhm erwarb dabei die Region Bolu in Zentralanatolien, die noch heute den Ruf hat, die besten Köche des Landes hervorzubringen. So gilt die türkische Küche als dritte große Nationalküche, direkt hinter Frankreich und China.

Besonders typisch für die türkische Küche ist der Joghurt, den Einwanderer aus dem Balkan mitbrachten. Als Getränk, in Suppen, Saucen oder in Nachspeisen wird Joghurt warm und kalt, süß und salzig genossen. Nicht wegzudenken ist auch Schafskäse, der sowohl zu Salat und Brot als auch zum Kochen verwendet wird. Ansonsten ist nur noch ein milder Schnittkäse üblich, andere Milchprodukte sind kaum verbreitet.

Ebenfalls weltberühmt sind die Pilav- oder Pilau-Gerichte, eine bunte Mischung aus Getreide, Gewürzen und Nüssen. Während in den städtischen Gebieten vorwiegend Reis als Grundlage dient, bevorzugen die Haushalte auf dem Land Bulgur.

Teilweise dämpfen und trocknen die Bauersfrauen diesen groben

Nur eine von vielen Moscheen in Istanbul – jede einzelne ein sehenswertes Meisterwerk der Baukunst.

Links: Der weiße, salzige Schafskäse ist eine nahezu unverzichtbare Zutat für sehr viele türkische und auch griechische Gerichte.

An der türkischen Mittelmeerküste bieten die Fischhändler eine reiche Auswahl fangfrischer Fische an.

Weizenschrot noch selbst. Eine weitere Spezialität sind die knusprigen Börek-Gebäcke. Der dünne Blätterteig wird mit allerlei Herzhaftem wie Hackfleisch, Schafskäse und Spinat gefüllt. Für die süße Variante sind Trockenfrüchte und Pistazien als Füllung beliebt. Die Gemüseauswahl in der Türkei ist riesig. An den warmen und sonnigen Küsten kann das ganze Jahr über frisch geerntet werden. Am beliebtesten sind mediterrane Gemüse wie Tomaten, Auberginen, Paprika, Zwiebeln und Knoblauch. Aber auch Kohl, Möhren, Spinat und vieles mehr findet sich auf jedem Wochenmarkt. Gemüse wird in der Türkei reichlich und praktisch zu jeder Mahlzeit gegessen – angefangen von Tomaten und Oliven zum Frühstück über Gemüsesuppen zum Mittagessen bis zu gefülltem, gegrilltem oder überbackenem Gemüse zum Abendbrot. Ein frischer Salat gehört sowieso zu jedem Essen dazu. Hauptzutaten sind Tomaten, Gurken, Paprika, Zwiebeln und Weißkohl.
Auch unterwegs müssen die Türken auf Gemüse nicht verzichten. In den Städten bieten Händler fast an jeder Ecke frisch gekochte Maiskolben, geschälte Gurken oder sauer eingelegtes Gemüse an. Neben Reis, Bulgur und Brot dienen Hülsenfrüchte als sättigende Zutat. Linsen in allen Variationen, weiße Bohnen und Kichererbsen sind Grundlage vieler Gerichte. Zart auf der Zunge zergehen beispielsweise in Öl und Knoblauch eingelegte weiße Bohnen oder fein gewürztes Kichererbsenmus, Humus genannt. Beliebte Zutaten sind auch Nüsse und Samen. Nicht umsonst ist die Türkei der weltweit größte Exporteur für Haselnüsse. Geröstete und gesalzene Pistazien, Sonnenblumen- und Kürbiskerne kann man an jedem Straßenstand kaufen. Sie werden als Snack gerne zwischendurch genascht. Pistazien, Sesam und Nüsse kommen auch an herzhafte Gerichte, aber vor allen Dingen an Backwaren und Süßigkeiten. Süße Hefeschnecken und mit Sesammus oder mit Pistazien gefüllter Blätterteig gehören zu den Spezialitäten der türkischen Küche.
Kräuter und Gewürze sind in der türkischen Küche immer reichlich vertreten. Frische Blattpetersilie darf in keinem Haushalt fehlen. Die aromatischen Blätter würzen Salate, eingelegte Gemüse und herzhafte Suppen. Neben Petersilie sind auch Dill, Minze, Lorbeer, Thymian und Oregano beliebt. Gewürzt wird gerne auch mit Kreuzkümmel, Piment, Paprika, Zimt, Nelke und Muskat. Chili und andere scharfe Gewürze sind eher die Ausnahme. Im Gegensatz zu ihren arabischen Nachbarn schmecken Türken ihre Gerichte relativ mild ab.
Um frische Säure an das Essen zu bringen, wird neben Essig auch Sumak verwendet, ein dunkelrotes Granulat aus getrockneten Su-

mak-Beeren. Als Fett dominiert Olivenöl, das in großen Mengen zum Einlegen, Andünsten und Braten verwendet wird. Butter kommt vor allem an Backwaren. Trotz des hohen Fettverzehrs sind Herz-Kreislauf-Erkrankungen in der Türkei seltener als bei uns. Experten führen das auf die günstige Fettsäure-Zusammensetzung des Olivenöls und den hohen Obst- und Gemüseverzehr zurück. Wenn Sie Originalrezepte nachkochen, sollten Sie dennoch versuchen, die Fettmenge zu reduzieren.

Die Hauptmahlzeit in der Türkei wird in der Regel abends mit der ganzen Familie eingenommen. Sie kann sich mehrere Stunden hinziehen; zwischen den zahlreichen Gängen wird viel geredet und gelacht. Etwas Obst und ein kleiner türkischer Mokka runden das Mahl ab. Genuss steht an oberster Stelle. Zu den Mahlzeiten wird in der Regel Leitungswasser getrunken. Im Sommer ist als Erfrischung Ayran beliebt, eine Mischung aus Joghurt, Eiswasser und etwas Salz. Starker schwarzer Tee, meist mit reichlich Zucker gesüßt, wird in kleinen Gläsern zu jeder Tageszeit getrunken. Größere Firmen haben meist einen extra Teekoch, kleinere Betriebe bekommen mehrmals täglich frisch aufgegossenen Tee vom Café nebenan geliefert. Für ein genussreiches Mußestündchen mit Tee findet man in der Türkei immer Zeit. Und weil die Geselligkeit beim Essen hoch im Kurs steht, gilt die Türkei als das gastfreundlichste Land rund ums Mittelmeer.

Syrien

Unser Streifzug führt uns weiter nach Syrien, das Land, das immer wieder als „die Wiege der Menschheit“ bezeichnet wird. Zu Recht trägt das vorderasiatische Syrien diesen Namen. Schließlich gab es kaum ein großes Volk, das den Verlockungen und dem Charme Syriens widerstehen konnte. Und so findet man heute in jenem geheimnisvollen Land an den Toren zur arabischen Welt Zeugnisse der griechischen, römischen, byzantinischen und osmanischen Besiedlung und vieles mehr. Hier erlebt das Wort Kultur-Urlaub eine ganz neue Bedeutung, denn die kulturellen Schätze des Landes sind wirklich einmalig. Daneben wartet Syrien mit einer abwechslungsreichen Naturlandschaft auf, wie man sie anderenorts nur selten zu sehen bekommt. Von der fruchtbaren Mittelmeerküste und dem parallel dazu verlaufenden Küstengebirge bis hin zur Steinwüste nahe Damaskus zeigt sich, dass Gegensätze in Syrien keine Seltenheit sind. Das Land mit seinen ungefähr 18 Millionen Einwohnern erstreckt sich über eine Fläche von circa 185 000 km^2. Zu den wichtigsten Städten

Wie gemalt sieht es aus, wenn im Orient die Sonne langsam untergeht. Wer denkt da nicht gerne an 1001 Nacht?

Die Via Dolorosa in Jerusalem, auf diesem Weg trug Jesus sein Kreuz nach Golgatha, wo er gekreuzigt wurde.

Syriens gehören Aleppo, Homs und Lattakia. Sie wiederum richten ihr Augenmerk auf das Zentrum des Landes – die mächtige Hauptstadt Damaskus. Die Millionenstadt ist die am längsten durchgängig besiedelte Stadt der Menschheitsgeschichte. Heute beherbergt sie ungefähr 70 Moscheen, darunter die weltbekannte Omaijaden-Moschee, das Grab des Sultans Sala'adin und eine Vielzahl weiterer kultureller Schätze der Historie. Damit ist Syrien ein weiteres Mittelmeerland, das sich für Kulturhungrige ebenso eignet wie für die erholungsbedürftigen Badeurlauber, denn mit seinen großen Stränden verführt Syrien dazu, sich vom rauschenden Meer gar nicht mehr trennen zu wollen.

Libanon

Kommen wir nun in das Land, das oft in einem Atemzug mit Syrien genannt wird, in den Libanon, das Urlaubsland, das sich langsam, aber sicher immer größerer Beliebtheit erfreut. Seit den Anfängen seiner Geschichte bemüht sich der Libanon um Ausgeglichenheit in der Vielfalt. Das Land blickt zurück auf eine bewegte Vergangenheit und bietet dem heutigen Besucher seine legendäre Gastfreundschaft, seine Sehenswürdigkeiten und seine köstliche Küche. Erst langsam entwickelt sich der Libanon zu einer touristischen Attraktion, denn seine wahre Natur enthüllt sich nur zögernd. Seine geographischen Gegebenheiten sind geprägt durch die faszinierende und äußerst enge Verbindung von Meer und Gebirge. Von den engen Küstenebenen, in denen man die bedeutendsten Städte des phönizischen Altertums findet, bis zur imposanten Gebirgskette des Anti-Libanon sind die verschiedensten Landschaften zu finden, ohne dass sie einander ähneln. Beim Erkunden der Städte und Dörfer, Landschaften und modernen Stadtanlagen begibt man sich auf eine wahre Zeitreise durch die Epochen. Abwechslungsreicher kann sich ein Land kaum präsentieren.

Israel

Israel, das „gelobte Land" ist die nächste Station, die wir auf unserer Rundreise passieren. Das kleine Land im Nahen Osten weist die topographischen und klimatischen Merkmale eines ganzen Kontinents auf. Die unterschiedlichen Landschaften reichen von bewaldetem Hochland und fruchtbaren grünen Tälern über Gebirgswüsten und Küstenebenen bis hin zum semitropischen Jordantal. Und auch das kulturelle Angebot lässt in seiner Vielfalt kaum Wünsche offen. Ob ein Besuch der heiligen Städte Jerusalem, Bethlehem oder Nazareth, auf den Spuren der biblischen Figuren, die hier allgegenwärtig zu sein scheinen, kommt man aus dem Staunen nicht heraus. Ein Badeurlaub an traumhaften Stränden, Kuraufenthalte am Toten Meer oder Touren durch die einzigartigen Naturlandschaften dieses geschichtsträchtigen Landes sind jedoch ebenso möglich wie das kulturelle Programm, das beinahe schon ein Muss ist.

Jordanien

Weiter führt die Reise nach Jordanien, das Königreich der Haschemiten. Jordanien ist erst 1950 aus Zentral- Palästina und Transjordanien entstanden. Die erste Besiedelung lässt sich jedoch bis ins 4. Jh. v. Chr. zurückverfolgen. Jordanien ist seit dem 7. Jh. n. Chr. ein islamisches Land. Es wurde 1946 unabhängig von Großbritannien und hat sich seitdem ununterbrochen zum heutigen haschemitischen Königreich entwickelt. Durch seine geographische Lage zwischen den großen Zivilisationen – Ägypten im Westen und Mesopotamien im Osten – hatte Jordanien die Rolle eines verkehrsreichen Verbindungsgliedes.

Ägypten

Auch der Nachbarstaat Ägypten kann seine Geschichte nicht verleugnen. Noch immer ragen die Pyramiden hoch auf im Wüstensand und zeugen von dem unglaublichen Geschick der Ägypter zur Zeit der sagenumwobenen Pharaonen. Als Europäer treffen wir hier erstaunt auf eine uns völlig fremde Lebensweise. Vor allem das Fehlen von Perfektion und Pünktlichkeit irritiert viele Besucher. Zeit scheint hier ein sehr dehnbarer Begriff zu sein und die ägyptischen Uhren ticken merkwürdigerweise sehr viel langsamer als unsere europäischen. Ägypten in Worten zu beschreiben und dabei nicht vom Hundertsten ins Tausendste zu geraten ist eine nicht ganz einfache Sache, denn dieses Land ist so voller Extreme und für uns Europäer oft anscheinend voller unvereinbarer Widersprüche. Die arabische Gastfreundlichkeit ist sprichwörtlich und hat schon viele Besucher verblüfft. Steht man zum Beispiel mitten auf einem Bazar und weiß noch nicht, wo man das findet, was man gerade sucht und fragt einen vorbeikommenden Ägypter um Rat, so darf man sich nicht wundern, wenn dieser sich unterhakt und Sie persönlich zu dem netten Verkäufer, der das Gesuchte anbietet, eskortiert. Genauso kann es passieren, dass man sich mit Einheimischen anfreundet und zum Essen nach Hause eingeladen wird. Eine Einladung, die man auf keinen Fall abschlagen sollte, nicht nur weil es als unhöflich empfunden wer-

Der Nil war früher die Hauptverkehrsader Ägyptens. Vieh, Korn, Steine für Bauten und andere Güter sowie Personen und Soldaten wurden auf Fracht- und Personenschiffen über den Nil transportiert.

Das Symbol, das dieser Ägypter vor dem Felsentempel Abu Simbel in Händen hält, ist nichts Geringeres als der Schlüssel des Lebens.

Die Kasba Monastir in Tunesien

In Tunesien wird das Brot, das als Beilage zu sehr vielen Gerichten gegessen wird, von den Nomadenfrauen noch auf offenem Feuer gebacken.

den könnte, sondern weil es wirklich schade wäre, die Gastfreundlichkeit und das himmlische Essen zu verpassen.

Tunesien

Um unseren nächsten Zwischenstopp zu erreichen, gilt es zunächst eine recht weite Strecke durch Libyen zurückzulegen. Auch hier wird sich der Tourismus höchstwahrscheinlich in wenigen Jahren entwickeln.
Hier und jetzt aber erst einmal nach Tunesien, weithin für seine zauberhaften Strände bekannt. Urlaub in Tunesien bedeutet für die meisten Europäer vor allem Strand, Sonne, Palmen und natürlich Meer. Tatsächlich hat das nordafrikanische Land auf 1.200 Kilometern Küste alles zu bieten, was Sonnen-, Bade- und Wassersporthungrige suchen.
Doch längst spielt auch der Städte-, Kultur-, Natur-, Abenteuertourismus eine wachsende Rolle. Historische Städte wie Karthago locken jährlich unzählige Touristen aus aller Welt. Selbst die Sahara, die fast 40 Prozent des tunesischen Staatsgebietes einnimmt, ist inzwischen touristisch gut erschlossen. Und da die Tunesier offene und gastfreundliche Menschen sind, ist es für aufgeschlossene Urlauber gar nicht so schwer, einen tiefen Einblick in die faszinierende Landeskultur zu erhalten. Ein weiteres Mal legen wir eine etwas größere Strecke zurück.

Marokko

Unser Weg führt uns durch das weite Algerien zu unserer letzten Station: Marokko. Es liegt mit der Hauptstadt Rabat im westlichen Teil Nordafrikas. Dieses Land mit seinen vielen Gesichtern ist nicht zuletzt durch seine Nähe zum europäischen Festland gerade für uns Europäer besonders gut zu erreichen. Marokko besitzt nicht nur einen Reichtum an Kunstschätzen und Kulturtraditionen, sondern auch an kulinarischen Genüssen. Die marokkanischen Märkte bieten eine Vielzahl von frischen Gemüse- und Obstsorten und orientalischen Gewürzen.
Die Grundnahrungsmittel sind Getreide, Hülsenfrüchte, Geflügel, Schaf-, Ziegen- und Rindfleisch. In den Küstenregionen werden zudem viele Fische und Meeresfrüchte gegessen.
Eines der Nationalgerichte ist die Tajine. Der Begriff bezeichnet dabei gleichermaßen die Speise – geschmortes Ragout aus Fleisch, Geflügel, Fisch und Gemüse – wie auch das Gefäß, in dem es gereicht wird, eine flache Schale mit Deckel aus gebranntem Ton. Darüber hinaus ist Couscous, das ursprünglich aus der Berber-Küche stammt, sehr beliebt. Es besteht aus Hartweizengrieß, der in einem Sieb über einem Eintopf

aus Lamm-, Hammel- oder Hühnerfleisch mit sieben verschiedenen Gemüsen und Kichererbsen gedämpft wird. Dazu kommt eine scharfe Sauce aus Harissa (Paprikamark). Generell sind das Wesentliche an der marokkanischen Küche die Gewürze. Eine typische Gewürzmischung ist das „Ras el Hanout“. Es besteht aus bis zu 35 verschiedenen Sorten und ist unverzichtbarer Bestandteil vieler Speisen. Getrunken wird zum Essen in der Regel Wasser, zu jeder Tageszeit wird aber auch Tee serviert, meist auf einem kunstvoll ziselierten Messingtablett. Der Aufguss aus chinesischem grünem Tee, frischen Pfefferminzblättern und sehr viel Zucker ist das Nationalgetränk der Marokkaner: Thé à la Menthe. Und dann ist da noch Casablanca, die Stadt, die wie keine andere zum Träumen einlädt und schon seit Jahrhunderten zur Metropole ausgebaut wird. Vom Zentrum her gehen sternförmig großzügige Avenuen ab, gesäumt von eleganten Wohnhäusern, die Art déco und neo-maurischen Stil kunstvoll vereinen. Doch nicht nur Freunde der Architektur schwärmen von Casablanca, sondern auch Freunde des ganz großen Films werden sich erinnern an Humphrey
Bogart und Ingrid Bergman in „Casablanca“.

Nach dieser kleinen Tour rund ums Mittelmeer werden wir Sie nun mit der nachfolgenden Sammlung von Rezepten, die eigentlich alle das Prädikat „Urlaubsgefühle für den Magen“ tragen, in Ihre eigene Küche entlassen. Nehmen Sie die mediterrane Stimmung einfach mit und verwenden Sie sie zum „Würzen“ Ihrer Gerichte!

Auch in Kairouan in Tunesien zeigt sich der typisch orientalische Baustil.

VORSPEISEN

Bourride

PROVENÇALISCHE FISCHSUPPE MIT KNOBLAUCHMAYONNAISE

FÜR DIE AÏOLI-SAUCE
(Knoblauchmayonnaise)
1 Brötchen
50 ml Milch
5 Knoblauchzehen
2 frische Eigelbe
200 ml kaltgepresstes Olivenöl
Salz
Pfeffer aus der Mühle
1–2 EL Zitronensaft

FÜR DIE FISCHSUPPE
etwa 2 kg küchenfertige, kleinere Fische, z. B. Drachenkopf, Petermännchen und Merlan
1 weiße Zwiebel
1 Thymianzweig
1 TL Fenchelsamen
1 Lorbeerblatt
1 Stück dünn abgeschälte Schale von 1 unbehandelten Orange
Salz, Pfeffer aus der Mühle
12 Scheiben Baguettebrot
5 frische Eigelbe
3 EL gehackte Petersilie

FÜR AÏOLI: Krume aus dem Brötchen nehmen, mit Milch einweichen und mit der Gabel fein zerdrücken. Knoblauch schälen und durchpressen, mit Krume und zwei Eigelben gut vermischen. Unter ständigem Schlagen das Olivenöl unterarbeiten, das Ganze mit Salz, Pfeffer und Zitronensaft abschmecken.
FÜR DIE FISCHSUPPE: Die Fischstücke portionieren und abspülen. Die Zwiebel schälen und in Streifen schneiden, mit Thymian, Fenchelsamen, Lorbeer und der Orangenschale in einen breiten Topf geben. Die Fische darauf betten und so viel heißes Wasser zugießen, dass es 3–4 cm über den Fischen steht. Salz und Pfeffer darüber streuen und alles 8–10 Minuten kochen. Brotscheiben in die Suppenteller legen, mit etwas Fischbrühe tränken und warm halten. 12 Esslöffel Aïoli in den Topf geben, zuerst die 5 Eigelbe, dann nach und nach die übrige Fischbrühe unterrühren, die Fische auf einer Platte warm halten. Brühe unter Rühren langsam erhitzen, bis sie dicklich wird, nicht mehr aufkochen. Brühe über die Brotscheiben gießen, mit Petersilie bestreuen und zusammen mit den Fischen servieren.

Getränk: ein Rosé-Wein aus der Provence

Der charakteristische, beißende Geschmack und Geruch des Knoblauchs ist auf ein ätherisches, stark schwefelhaltiges Öl zurückzuführen. Die Heimat des Knoblauchs ist die Kirgisensteppe, von dort aus kam er über Vorderasien nach Ägypten und wanderte über Griechenland und Italien nach Mitteleuropa. Während Mitteleuropäer meist sehr sparsam mit Knoblauch würzen, oft nur Topf oder Pfanne damit ausreiben, verwenden Südländer dieses Gewürz sehr viel großzügiger. 2 bis 3 Zehen pro Person sind keine Seltenheit.
Knoblauch verleiht den Speisen nicht nur den typisch mediterranen Geschmack, sondern soll bei vielen Magen- und Darmbeschwerden helfen und sogar Alterserscheinungen und Arterienverkalkung vorbeugen. Kurz gesagt: Knoblauch fördert die Gesundheit, steigert das Temperament und hält jung.

Choriatiki

GRIECHISCHER BAUERNSALAT

Eine ausgewogene Ernährung ist für viele Menschen das A und O um sich gesund und fit zu fühlen. Umfangreiche Forschungen haben ergeben, dass die griechische Küche, vor allem die der Dodekanese und von Kreta, sehr gesund ist. Frisches Gemüse, Olivenöl und viele frische Kräuter machen den Kochstil so bekömmlich und wertvoll. Und dieser Salat hat von all dem etwas. Zusätzlich fördert das im Feta enthaltene Eiweiß die Aufnahme der Vitamine im Körper.

6 Tomaten
1 Salatgurke
1 grüne Spitzpaprika
1 Gemüsezwiebel
1 Handvoll schwarze Oliven
Salz nach Bedarf
frisch gemahlener Pfeffer
100 g Feta (Schafkäse)
Oregano
3 EL Weinessig
6 EL natives Olivenöl extra

Die Tomaten waschen, je nach Größe vierteln oder achteln und jeden Schnitz einmal quer halbieren. Die Salatgurke waschen, schälen und nach Bedarf die Kerne mit einem Löffel ausschaben. Die Gurke in etwa 1 Zentimeter dicke Scheiben schneiden und jedes Stück einmal halbieren. Die Paprikaschote waschen, Stielansatz, Trennwände und Kerne entfernen und das Fruchtfleisch in schmale Streifen schneiden. Die Gemüsezwiebel schälen und in feine Scheiben schneiden. Tomaten, Gurken, Zwiebelscheiben und Oliven auf Tellern anrichten und mit Salz und Pfeffer würzen. Den Schafkäse in kleine Würfel schneiden und mit Oregano bestreuen. Den gewürzten Käse auf dem Salat verteilen. Den Salat mit Essig und Öl beträufeln.

Falafel mit Tahinacreme

Kichererbsenkroketten

KICHERERBSEN-KROKETTEN
125 g getrocknete Kichererbsen
125 g getrocknete dicke weiße Bohnen
1–2 Knoblauchzehen
1 Zwiebel
1 Frühlingszwiebel
1 Bund glatte Petersilie
1 Eiweiß
Salz
Cayennepfeffer
½ TL gemahlener Kreuzkümmel
½ TL gemahlener Koriander
½ TL getrockneter Thymian
2 Msp. Kurkuma
Öl zum Frittieren

TAHINA-CREME
3 Knoblauchzehen
1 Bund glatte Petersilie
2–3 Zitronen
6 EL Tahina (Sesampaste)
etwa 6 EL Hühnerbrühe
6–8 EL Joghurt natur, vorzugsweise türkischer
Salz
etwa ¼–½ TL Kreuzkümmel

VARIANTE:
Anstatt mit Hühnerbrühe mit Wasser verdünnen und einige Esslöffel gemahlene Mandeln unterrühren. Die Petersilie dann weglassen.

KICHERERBSENKROKETTEN
Die Hülsenfrüchte über Nacht in kaltem Wasser einweichen. Die Knoblauchzehen und die Zwiebel abziehen. Die Knoblauchzehen zerdrücken und die Zwiebel grob zerschneiden. Die Frühlingszwiebel und die Petersilie waschen. Die Frühlingszwiebel in sehr dünne Ringe schneiden und die Blättchen der Petersilie von den Stielen zupfen. Die abgetropften, nicht gekochten Hülsenfrüchte mit der Zwiebel und der Petersilie durch die feine Scheibe des Fleischwolfs drehen oder mit dem Schneidstab pürieren. Die Frühlingszwiebel und den Knoblauch sowie das leicht geschlagene Eiweiß hinzufügen. Mit Salz und den Gewürzen abschmecken. Diese Masse gut mischen und etwas ruhen lassen. Walnussgroße Bällchen formen und im heißen Öl frittieren. Auf Küchenpapier abtropfen lassen.
Mit Tahina-Creme, Tomaten und Salat servieren.

TAHINA-CREME
Die Knoblauchzehen abziehen und zerdrücken. Die Petersilie waschen, trockentupfen, die Blättchen von den Stielen zupfen, einige für die Garnitur zurückbehalten, die anderen hacken. Die Zitronen auspressen. Tahinapaste mit Knoblauch, Petersilie und Zitronensaft gut vermischen. Die Masse halbieren und in die eine Hälfte Hühnerbrühe oder Wasser rühren. Unter die andere Hälfte den Joghurt rühren. Beides mit Salz und dem Kreuzkümmel abschmecken und in zwei Schälchen anrichten. Mit Petersilienblättchen garnieren und mit den Kichererbsenkroketten oder arabischem Brot servieren.

Falafel stammen ursprünglich aus Ägypten, wo sie traditionellerweise nicht aus Kichererbsen, sondern aus großen braunen Bohnen zubereitet werden. Bei uns läuft Falafel als Snack in vielen Städten Döner Kebap, Hamburger & Co. mittlerweile oft den Rang ab. Sie werden mit etwas Salat, Tahina-Creme und einer scharfen Sauce in aufgeschnittenes arabisches Fladenbrot gefüllt und aus der Hand gegessen.

Fetzen- und Zitronensuppe

SUPPEN VOM MITTELMEER

ZITRONENSUPPE
1 1/4 Liter Hühnerbrühe
80–100 g Langkornreis
Salz
frisch gemahlener weißer Pfeffer
1 Zitrone
2 ganz frische Eier
Zimt

RÖMISCHE FETZENSUPPE NACH RENATO
2 Eier
2 EL Magerquark
2 EL Grieß
2 EL frisch geriebener Parmesan
Salz
abgeriebene Muskatnuss
Piment
1 Liter Fleischbrühe
2–3 Zweige Petersilie

ZITRONENSUPPE
Die Hühnerbrühe zum Kochen bringen. Den Reis einstreuen, aufkochen und zugedeckt bei geringer Hitze etwa 18 Minuten köcheln lassen. Mit Salz und Pfeffer würzen und den Topf vom Herd nehmen. Die Zitrone auspressen, die Eier verquirlen und mit dem Saft der Zitrone verrühren. Etwas Suppe zu den Eiern geben und alles vorsichtig in die Suppe zurückgießen. Die Suppe nun nicht mehr kochen lassen, da sonst das Ei gerinnt. Etwas Zimt hinzufügen, nochmals abschmecken und die Suppe sofort servieren.

RÖMISCHE FETZENSUPPE NACH RENATO
Eier, Quark, Grieß und Parmesan in einer Schüssel verrühren. Mit Salz, Muskat und Piment würzen. Die Fleischbrühe zum Kochen bringen, die Eier-Grieß-Mischung unter Rühren hineingießen und das Ganze 4 Minuten köcheln lassen. Die Flockenbildung ist dabei erwünscht. Die Suppe mit gehackter Petersilie bestreuen und servieren.

Zwei ganz besondere Suppen, die aus sehr unterschiedlichen Küchen der Mittelmeerregion kommen und sich durch besondere Zutaten auszeichnen. Der Parmesankäse verleiht der römischen Fetzensuppe ihr ganz besonderes Aroma. Da dieser Käse nicht schmilzt und daher auch keine Fäden ziehen kann, wie dies in extremer Weise beim Mozzarella der Fall ist, eignet er sich sehr gut zum Würzen. Die Zitronensuppe, die man im normalerweise warmen Griechenland an kühlen Tagen zur Vorspeise isst, erinnert mit ihrem fruchtigen Aroma an heiße Sommertage, so dass einem gleich doppelt warm wird.

Focaccia

Fladenbrot

200 g Weizenmehl, Type 405
150 g Vollkornweizenmehl
35 g Hefe
1 TL Zucker
gut 1/8 Liter warmes Wasser
125 g roher Schinken
2–3 Zweige Salbei
4 EL Olivenöl
Salz
frisch gemahlener schwarzer Pfeffer
Butter für das Blech
grobes Meersalz

Das Mehl mischen und in eine Schüssel geben. In die Mitte eine Vertiefung drücken. Die Hefe hineinbröckeln und mit dem Zucker bestreuen. Die Hälfte des Wassers darauf gießen und mit der Hefe verrühren. Wenig Mehl darüber streuen und, mit einem Küchentuch bedeckt, 15 bis 20 Minuten an einem warmen Ort gehen lassen. Den Schinken würfeln, den Salbei waschen, trockentupfen, die Blätter von den Stielen zupfen und hacken. Das restliche warme Wasser, Olivenöl, Salz, Pfeffer hinzufügen und gut durchkneten. Schinken und Salbei hineinarbeiten und abgedeckt mindestens 30 Minuten gehen lassen. Ein Backblech mit Butter ausstreichen und den Teig ausrollen. Auf das Blech geben, gitterartig einritzen, mit grobem Salz bestreuen und nochmals 15 bis 20 Minuten gehen lassen. Für etwa 20 Minuten in den auf 210 bis 220 °C vorgeheizten Backofen geben. Warm schmeckt das Fladenbrot am besten.

Die Ursprünge des Fladenbrots (der Vorläufer der Pizza) gehen auf die Etrusker in der Toskana zurück. Schon 1000 Jahre vor Christus buken sie einfachen Teig auf Steinen neben dem Feuer. Im Laufe der Zeit wurde das Brot zum essbaren Teller, indem er mit verschiedensten Zutaten belegt wurde. Manchmal wurde der Teig auch schon vor dem Backen mit Kräutern gewürzt. Diese Art des Brotes ist in Italien noch heute als Focaccia auf den Speisekarten zu finden.

Gazpacho

KALTE GEMÜSESUPPE AUS ANDALUSIEN

FÜR DIE SUPPE:
2 Scheiben Weißbrot
1/8 Liter kalte Hühnerbrühe
800 g frische, würzige Tomaten
1 kleine Zwiebel
2–3 Knoblauchzehen
2 Zweige Basilikum
1–2 Zweige glatte Petersilie
5 EL Olivenöl
1 1/2–2 EL Rotweinessig
Salz
frisch gemahlener weißer Pfeffer
Cayennepfeffer
1/2 TL Zucker

ZUM GARNIEREN:
2 Eier
1/2 Salatgurke
1 grüne oder rote Paprika
1/2 Gemüsezwiebel
oder 2–3 Schalotten
Croûtons

nach Belieben Eiswasser

FÜR DIE SUPPE: Die Kruste des Weißbrots entfernen und das Brot in der Brühe einweichen. Die Tomaten überbrühen und häuten. Die Zwiebel und die Knoblauchzehen schälen. Basilikum und Petersilie waschen und die Blätter von den Stielen zupfen. Das eingeweichte Brot, die Tomaten, die Zwiebel und die Knoblauchzehen zusammen mit dem Olivenöl, Essig und den Kräutern im Mixer pürieren. Mit Salz, Pfeffer, Cayennepfeffer und Zucker abschmecken und gut kühlen. Zum Garnieren: Die Eier hart kochen, abschrecken, schälen und klein hacken. Erst kurz vor dem Anrichten die Gurke schälen und in kleine Stücke schneiden. Die Paprika halbieren, entkernen, von den Rippen befreien und in kleine Würfel schneiden, die Zwiebel oder die Schalotten schälen und fein hacken. Die Gurken, Paprika, Zwiebel und die Croûtons in Schälchen füllen und die Suppe in einer großen Schüssel oder Terrine anrichten. Nach Belieben und Geschmack mit etwas Eiswasser verdünnen.

Im warmen Andalusien ist leichte Kost gefragt. Die Küche dieser Region hat sich an das Klima angepasst. So entstand auch die berühmte Gazpacho. Sie wurde am Feldrain und im Weinberg als Mittagsmahl serviert. Ihr großer Vorteil ist, dass sie nicht nur sättigt, sondern auch erfrischt. Da alle Zutaten in getrennten Schälchen aufgetragen werden, kann jeder Gast sich seine Gazpacho ganz nach seinen Vorlieben zusammenstellen. Lange, enttäuschte Gesichter am Tisch werden damit garantiert vermieden.

Griechischer Champignonsalat

CHAMPIGNONS

500 g feste Champignons mit geschlossenen Köpfen
Saft und etwas abgeschnittene Schale von 1 unbehandelten Zitrone
¼ Liter trockener Weißwein
½ Bund Thymian
5 weiße Pfefferkörner
1 Lorbeerblatt
1 Tomate
2 Lauchzwiebeln
2 Knoblauchzehen
100 ml Olivenöl
½ Bund Basilikum

Pilze waschen und in eine Schüssel geben. Mit Zitronensaft und -schale, Wein, gewaschenen Thymianzweigen, Pfefferkörnern und Lorbeerblatt mischen und zugedeckt ziehen lassen, bis die anderen Zutaten vorbereitet sind. Tomate abziehen und würfeln. Zwiebeln putzen, waschen und mit dem Zwiebelgrün in feine Ringe schneiden. Knoblauch hacken. Öl in einer großen Pfanne erhitzen. Zwiebeln und Knoblauch darin bei schwacher Hitze in etwa 5 Minuten weich braten. Pilzmischung und Tomate zugeben und einmal aufkochen. Zugedeckt bei schwacher Hitze knapp 5 Minuten kochen lassen. Erkalten lassen und zugedeckt mindestens 5 Stunden im Kühlschrank marinieren. Unmittelbar vor dem Servieren mit dem gehackten Basilikum vermischen.

Champignons sollten immer frisch zubereitet werden, am besten noch am Tag des Einkaufs. Zwei bis drei Tage lassen sie sich jedoch im Kühlschrank frisch halten. Nur Pilze, deren Hut geschlossen ist, sind frisch. Wölbt sich der Hut nach außen, sollten sie nicht mehr verwendet werden. Wäscht man die Pilze, so saugen sie Wasser auf und werden beim Dünsten zäh. Deshalb sollte man sie besser nur von Erde und sonstigen Verunreinigungen befreien.

Harira

MAROKKANISCHE LAMMFLEISCHSUPPE

FÜR 5–6 PERSONEN
125 g Linsen
125 g Kichererbsen
450 g Lammfleisch
600–700 g Geflügelklein
1 Gemüsezwiebel
1 Karotte
1 Stange Staudensellerie
1 kleines Stück Lauch (Porree)
½ TL Kurkuma
2 Msp. Safran
¼ TL Paprikapulver, edelsüß
¼ TL gemahlener Ingwer
¼ TL Zimt
¼ TL frisch gemahlener schwarzer Pfeffer

100 g Reis

3 Fleischtomaten
3 Zweige glattblättrige Petersilie
3 Stauden Koriander
2 EL Mehl
2 EL Tomatenmark
1 EL Butterschmalz
Salz
1 Zitrone

Linsen und Kichererbsen getrennt über Nacht einweichen. Das Lammfleisch in sehr kleine Würfel schneiden. Das Geflügelklein waschen und trockentupfen. Die Zwiebel abziehen und hacken. Karotte, Staudensellerie und Lauch putzen und in kleine Stücke schneiden. Lammfleisch, Hühnerklein und Hülsenfrüchte in einen großen Topf geben.
Mit 2 Liter Wasser bedecken und zum Kochen bringen. Den Schaum abschöpfen, das Gemüse zugeben, dann mit Kurkuma, Safran, Paprika, Ingwer, Zimt und Pfeffer würzen. 1 Stunde bei mäßiger Temperatur kochen lassen. Das Hühnerfleisch von den Knochen lösen und zurück in den Topf geben.
Den Reis extra kochen. Dazu ½ Liter Wasser zum Kochen bringen. Den Reis hineinschütten, einmal durchrühren und abgedeckt 15 Minuten bei mäßiger Temperatur kochen lassen.
Währenddessen die Tomaten überbrühen, häuten, entkernen und hacken. Petersilie und Koriander waschen, trockentupfen, die Blättchen von den Stielen zupfen und hacken. 2 Esslöffel Mehl mit Wasser verrühren und mit Tomaten, Tomatenmark und Butterschmalz ¼ Stunde vor Garende in die Suppe rühren.
2 Minuten vor Garende den Reis zufügen, salzen, eventuell noch nachwürzen und kurz vor dem Servieren die Kräuter unterrühren.
Mit Zitronenecken servieren, mit denen sich jeder seine Suppe pikant abschmecken kann.

Die Harira ist die traditionelle Fastenunterbrechungs-suppe des Ramadan: wärmend, stärkend und nicht teuer. Mittlerweile wird sie aber immer häufiger auch außerhalb des Fastenmonats serviert. Während des Ramadan wird diese wunderbare, stärkende Suppe in der Minute, in der der Muezzin ruft und die Familie nach Hause eilt, zur ersten Mahlzeit des Tages. Wenn sie gekocht wird, ist das ganze Haus von ihrem Duft erfüllt, und die Familie setzt sich glücklich an die Schüsseln mit der heißen Suppe. Traditionell wird Harira aus einer großen, bauchigen Terrine in kleine Tonnäpfe gegeben und von geschnitzten Suppenlöffeln aus Zitronenholz gegessen.

Insalata di arance und Salat il dente leone

Italienische Salatspezialitäten

BLUTORANGENSALAT
4 Blutorangen
1 kleine weiße Zwiebel
1 junge, zarte Fenchelknolle
1 EL Zitronensaft
Salz
frisch gemahlener schwarzer Pfeffer
4 EL Olivenöl
20 kleine schwarze Oliven

LÖWENZAHNSALAT
4 Eier
½ unbehandelte Limette
40 g Roquefort
4 EL Sahne
2–3 EL Dickmilch
1–2 EL weißer Burgunder
3 EL Sonnenblumenöl
frisch gemahlener schwarzer Pfeffer
wenig Salz
250 g Löwenzahn

BLUTORANGENSALAT
Die Blutorangen rundum so dick schälen, dass die weiße Haut mit entfernt wird, dann in Scheiben schneiden. Den Saft auffangen. Die Zwiebel abziehen und in sehr dünne Ringe schneiden. Die Fenchelknolle waschen, trockentupfen und ebenfalls in sehr feine Ringe schneiden. Das Fenchelgrün klein schneiden und für die Garnitur aufbewahren. Zitronensaft mit aufgefangenem Blutorangensaft sowie Salz und Pfeffer verrühren. Das Olivenöl hinzufügen. In einer tiefen Schale oder auf Portionstellern die Blutorangenscheiben mit Zwiebel- und Fenchelringen arrangieren. Die Oliven und das Fenchelgrün darauf verteilen und mit der Sauce übergießen.

LÖWENZAHNSALAT
Die Eier hart kochen, dann abschrecken und schälen. Etwas Schale der Limette abreiben und den Saft auspressen. Roquefort, Sahne, Dickmilch und weißen Burgunder verrühren. Schale und Saft der Limette sowie das Öl hinzufügen. Mit Pfeffer und wenig Salz abschmecken. Den Löwenzahn waschen, trockentupfen und in mundgerechte Stücke teilen. Auf Salattellern gefällig anrichten. Die Eier in Spalten teilen und den Salat damit garnieren. Mit der Roquefortsauce übergießen. Vollkorntoast dazu reichen.

Die Blutorange wird hauptsächlich in Sizilien und in Südafrika angebaut. Auf Sizilien gedeihen die auch außen oft rot gefärbten Früchte vor allem an der Straße von Messina, am Fuße des Ätna. Mit 40–80 mg Vitamin C zählen die Orangen zu den vitaminreichsten Früchten. Ob Orangensalat nun deshalb oder vielleicht eher wegen seines unglaublich frischen Geschmacks so beliebt ist, ist ungeklärt.

Käse-Pitá

Käse in griechischem Strudelteig

½ Bund glatte Petersilie
1 Bund Minze
1 Bund Schnittlauch

FÜR DIE BECHAMELSAUCE:
60 g Butter
50 g Mehl
375 ml warme Milch
Salz
frisch gemahlener weißer Pfeffer
abgeriebene Muskatnuss
400 g Feta-Käse
5 Eier
100 g geriebener Kasséri-Hartkäse, Emmentaler oder Gouda

100 g Butter zum Bestreichen der Filloblätter
Butter für das Blech
350–400 g Filloteig

Die Kräuter waschen und trockentupfen. Die Blättchen von Petersilie und Minze von den Stielen zupfen und hacken. Den Schnittlauch in Röllchen schneiden. Für die Bechamelsauce die Butter erhitzen, das Mehl hineinschütten und goldgelb durchdünsten lassen. Nach und nach mit der Milch unter Rühren ablöschen. Einige Minuten köcheln lassen und dabei weiterrühren. Mit Salz, Pfeffer und Muskatnuss abschmecken und vom Herd nehmen. Den Feta-Käse zerdrücken. Die Eier verquirlen und zusammen mit dem Feta, dem Hartkäse und den Kräutern in die Bechamelsauce rühren. Die Butter schmelzen lassen. Die Fettpfanne des Backofens mit Butter ausstreichen und mit 2 Filloteigblättern auslegen. Mit Butter bestreichen und so fortfahren, bis zwei Drittel der hauchdünnen Blätter verbraucht sind. Jedes Teigblatt sollte mit Butter bestrichen werden. Die überstehenden Blattränder nach innen einschlagen. Die Käsemischung darauf geben und mit dem restlichen Drittel der Teigblätter gleichermaßen verfahren. Auch das oberste Filloblatt mit Butter bestreichen und mit Wasser besprenkeln. Alle 5 bis 10 cm mit einem Messer einstechen. Für etwa 40 Minuten in den auf 220 °C vorgeheizten Backofen stellen, bis sie goldgelb ist. Warm oder kalt servieren.

Wer es vorzieht den Filloteig selbst zu machen, wird überrascht sein, wie wenige Zutaten man braucht, wie kompliziert jedoch die Zubereitung ist. Man knetet 500 g Mehl, 25 ml Weinessig, 50 ml natives Olivenöl extra, 1 TL Salz und 300 ml Wasser in einer Schüssel zu einem elastischen Teig. Die Schüssel wird abgedeckt für eine Stunde in den Kühlschrank gestellt, damit der Teig ruhen kann. Anschließend den Teig in kleine Portionen aufteilen und in etwas Maismehl hauchdünn ausrollen. Am besten verwendet man hierzu ein dünnes Rundholz aus Obstbaumholz. Die einzelnen Teigplatten werden mit Olivenöl bestrichen und aufeinander gelegt. Sicherlich werden Sie mehrere Anläufe brauchen, bis der Teig richtig schön dünn wird, aber Übung macht ja bekanntlich den Meister.

APPELLATION
TRADITIONELLE
VIN DE TABLE - GREEK
MIS EN BOUTEILLE PAR
AG. PAVLOS
e0,75L

Knuspersalat Majorero

BLATTSALAT MIT CROÛTONS

FÜR DEN SALAT:
100 g Feldsalat
1 mittelgroßer Radicchio
100 g Kirschtomaten
1 kleine Zwiebel
1 Knoblauchzehe

FÜR DIE CROÛTONS:
8–12 Scheiben Baguette
50 g Butter, 150 g Majorero

FÜR DIE SAUCE:
3 EL Rotweinessig
1 TL Honig
Salz
frisch gemahlener Pfeffer
4 EL Olivenöl

Backofen auf 200 °C (Umluft 180 °C, Gas Stufe 3–4) vorheizen. Feldsalat putzen, waschen und abtropfen lassen. Radicchio putzen, vierteln, in ganz schmale Streifen schneiden, waschen und gut abtropfen lassen. Kirschtomaten abbrausen und halbieren. Zwiebel und Knoblauch schälen und fein hacken.

FÜR DIE CROÛTONS das Brot toasten und mit Butter bestreichen. Den Majorero grob reiben, auf den Brotscheiben verteilen und etwas andrücken. Ein Backblech mit Backpapier auslegen. Die Croûtons nebeneinander auf das Backblech setzen und 5 bis 7 Minuten gratinieren, bis der Käse zu schmelzen beginnt.

FÜR DIE SAUCE Essig, Honig, Salz und Pfeffer verschlagen und unter Rühren das Öl einlaufen lassen. Zwiebel- und Knoblauchwürfel untermischen. Feldsalat, Radicchio und Tomaten darin wenden. Den Salat auf vier Teller verteilen.
Die Majorero-Croûtons darauf anrichten und mit Pfeffer übermahlen. Dazu passen fruchtige, spanische Rotweine etwa aus dem Gebiet der D.O. Valdepeñas.

Fuerteventura, die Insel, auf der das ganze Jahr Frühling und Sommer ist, ist die Heimat des edlen Majorero-Ziegenkäses. In den höher gelegenen und feuchteren Gebieten Fuerteventuras werden die Majorero-Ziegen gehalten. Sie liefern die Milch für den milden und buttrigen Schnittkäse. Nach alter Handwerkstradition hergestellt, wird der feine Ziegenkäse in drei Reifestufen angeboten: als Majorero-„Frischkäse", der eine Reifezeit von sieben bis zehn Tagen benötigt, als Majorero-„Semicurado", drei Monate gereift, und als Majorero-„Curado", der volle vier Monate zur Reifung braucht.

Lamm nach Schäfer-Art

LAMMSCHEIBEN

1 Ei
2 eingelegte Sardellenfilets
1 Schalotte
1 Knoblauchzehe
1 Frühlingszwiebel
2 Gewürzgurken
2 Zweige Estragon
Salz
frisch gemahlener schwarzer Pfeffer
2 EL Weißweinessig
7–8 EL Olivenöl
1 EL Kapern
350 g gebratenes Lammfleisch aus der Keule
12 eingelegte Perlzwiebeln

Das Ei in 8 bis 10 Minuten hart kochen, abschrecken und pellen. Das Eigelb herausnehmen und das Eiweiß hacken. Die Sardellenfilets abspülen, wässern und hacken. Die Schalotte und die Knoblauchzehe abziehen. Die Schalotte fein würfeln und die Knoblauchzehe zerdrücken. Die Frühlingszwiebel waschen und in feine Ringe schneiden. Die Gewürzgurken klein würfeln. Die Estragonblättchen von den Stielen zupfen und hacken. Etwas für die Garnitur zurückbehalten. Salz und Pfeffer mit dem Essig verrühren. Knoblauch und Eigelb hinzufügen und weiterrühren. Nach und nach das Olivenöl hineingeben. Sardellen, Schalotte, Frühlingszwiebeln, Gewürzgurken und Kapern hinzugeben. Zum Schluss den Estragon unterrühren. Eventuell etwas Lake der Gewürzgurken hinzufügen. Das Lammfleisch in dünne Scheiben schneiden und mit der kalten Sauce übergießen. Mit Estragonblättchen garnieren und mit Perlzwiebeln servieren.

Diese würzige Spezialität hat ihren Ursprung in Italien im Latium. Hier wimmelt es geradezu vor Schafherden. Lammbraten beispielsweise entstand als Nahrung der Schäfer, sozusagen einer sozialen Randgruppe. Es überrascht auch kaum, dass sich die Italiener dieser Region bestens mit der Zubereitung des zarten Lammfleisches auskennen. Da dem fast weißen Fleisch die Würze fehlt, die das sonst oft verwendete Hammelfleisch aufweist, ist es besonders wichtig, es gut und schmackhaft zu würzen.
In diesem Gericht ist das meisterhaft verwirklicht.

LIBANESISCHE LINSENVARIATION

ZWEI LINSENSUPPEN

LINSENSUPPE AUF LIBANESISCHE ART
125 g Linsen
1 Liter Lamm- oder Geflügelbrühe, ungesalzen
1 Zwiebel, 2 Tomaten
1 Karotte, 1 Selleriestange
2–3 Knoblauchzehen
3 EL Olivenöl, Salz
1–1½ EL Zitronensaft
2 Zweige glattblättrige Petersilie
3–4 Zweige Zitronenthymian
schwarzer Pfeffer
1 Msp. Kreuzkümmel
2 EL Tomatenmark
1–2 TL Butterschmalz

LINSENSUPPE
100 g kleine braune Linsen
1 Schalotte, 1 Karotte
1 Stück Lauch (Porree)
40 g Butter
40 g Kastanien- oder 15–20 g Vollkornmehl
½ TL getrockneter Majoran
¼ Liter Gemüsebrühe
⅛ Liter guter Rotwein
Salz, schwarzer Pfeffer
2 Zweige frischer Majoran

LINSENSUPPE AUF LIBANESISCHE ART (links)
Die Linsen über Nacht in 1 Liter Wasser einweichen. Am nächsten Tag die Linsen gut durchspülen, in einen Topf geben und mit der Brühe begießen. Die Zwiebel abziehen, Tomaten häuten, Karotte und Selleriestange putzen, alles klein schneiden und zufügen.
Etwa 50 Minuten köcheln lassen, bis die Linsen weich sind.
Währenddessen den Knoblauch abziehen und zerdrücken oder sehr fein schneiden. Das Öl unter Rühren zufügen. Mit Salz und Zitronensaft abschmecken. Petersilie und Thymian waschen, trockentupfen, die Blättchen von den Stielen zupfen und die Petersilie hacken. Die Linsensuppe mit dem Schneidstab des Handrührers pürieren. Mit Salz, Pfeffer, Kreuzkümmel und Tomatenmark abschmecken. Das Butterschmalz und die Knoblauchmischung hineinrühren. Nochmals kurz aufkochen lassen, vom Herd nehmen, Petersilie und Thymian zufügen und nach Geschmack mit Zitronenschnitzen servieren.
Jeder kann die Suppe nach Belieben noch etwas säuern. Und wer es zur Verfügung hat, trinkt frisches Brunnenwasser dazu.

LINSENSUPPE (rechts)
Die Linsen einige Stunden in kaltem Wasser einweichen. Die Schalotte abziehen und hacken. Die Karotte putzen und würfeln. Den Lauch längs aufschneiden, gründlich waschen und in dünne Scheiben schneiden. Die Butter in einem Topf erhitzen, das Gemüse darin leicht andünsten.
Mit dem Kastanien- oder Vollkornmehl bestreuen und kurz durchschwitzen lassen.
Mit ¾ Liter Wasser ablöschen.
Die Linsen durchspülen und mit dem getrockneten Majoran zugeben. Je nach Alter und Sorte die Linsen etwa 20 Minuten köcheln lassen, bis sie gar sind.
Zum Schluss die Gemüsebrühe und den Wein zugießen. Mit Salz und Pfeffer abschmecken. Nochmals kurz erhitzen. Den Majoran waschen, trockentupfen, die Blättchen von den Stielen zupfen, hacken und über die Linsensuppe streuen.

Marokkanischer Mandelhauch

BOHNEN-MANDEL-SUPPE

125 g weiße Bohnen
1 Lorbeerblatt
2 Knoblauchzehen
1 Lauchstange
1 Karotte
knapp ½ Liter gut gewürzte Hühnerbrühe
gut ⅛ Liter trockener Weißwein
100 g gemahlene Mandeln
Salz
frisch gemahlener schwarzer Pfeffer
15–20 g Mandelblättchen

Die Bohnen über Nacht in ½ Liter kaltem Wasser einweichen.
Am nächsten Tag zusammen mit dem Lorbeerblatt und den geschälten Knoblauchzehen im Einweichwasser eine gute halbe Stunde kochen. In der Zwischenzeit das Gemüse putzen, den Lauch in schmale Ringe und die Karotte in Scheiben schneiden.
Mit der Hühnerbrühe, dem Weißwein und den gemahlenen Mandeln zu den Bohnen geben.
Die Suppe weitere 25 bis 30 Minuten kochen, bis die Bohnen weich sind. Mit Salz und Pfeffer würzen.
Die Mandelblättchen in einer trockenen Pfanne vorsichtig rösten und vor dem Auftragen über die Suppe streuen.

Man kann die Suppe heiß servieren, sie schmeckt aber auch sehr lecker, wenn sie gut gekühlt aufgetragen wird.

Von Ostasien aus gelangte der Mandelbaum vermutlich durch die Mauren in den Mittelmeerraum. Hier fand das Rosengewächs, das durch seine wunderschöne Blüte auffällt, optimale Bedingungen. Das warme milde Klima sorgte dafür, dass sich die Mandel schnell ausbreiten konnte. Bereits im Altertum schätzte man die Mandel nicht nur als Nahrungs-, sondern auch als Heilmittel. Man spricht der Mandel eine lindernde Wirkung bei Magen- und Darmentzündungen zu und neueste Forschungen belegen sogar, dass die Mandel die Diät von Diabetikern unterstützen kann.

MINESTRONE CÉSARE

GEMÜSEEINTOPF MIT PESTO

FÜR 5–6 PERSONEN

FÜR DEN EINTOPF:
200 g getrocknete oder frische Borlotti-Bohnen
1 Zwiebel
2 Knoblauchzehen
1 Selleriestange
1 Stange Lauch
200 g frische grüne Bohnen
2 Karotten
2 Zucchini
150 g grüne Erbsen (etwa 600 g frisch mit Schoten oder Tiefkühlprodukt)
½ Wirsing (etwa 500 g)
125 g frische Champignons (oder andere Pilze)
5–6 Tomaten
175 g geräucherter Bauchspeck
2 EL Olivenöl
1 EL Butter
Salz
weißer Pfeffer
¾ Liter Gemüsebrühe oder Wasser
180 g Langkornreis

FÜR DEN PESTO:
3 Knoblauchzehen
3 Bund Basilikum
50 g Pinienkerne
Salz
schwarzer Pfeffer
100 ml Olivenöl
5 EL frisch geriebener Parmesankäse

FÜR DEN EINTOPF: Die Bohnen über Nacht in 2 Liter Wasser einweichen. Am nächsten Tag in einem Topf im Einweichwasser zum Kochen bringen und etwa 1 Stunde kochen lassen. Die Zwiebel und die Knoblauchzehen schälen, die Zwiebel hacken und die Knoblauchzehen zerdrücken. Das Gemüse waschen und putzen. Selleriestange und Lauch in schmale Ringe, die grünen Bohnen in Stücke schneiden. Karotten und Zucchini würfeln. Die Erbsen palen. Den Wirsing von Strunk und Rippen befreien und die Blätter in Stücke teilen. Die geputzten Pilze in Scheiben schneiden. Die Tomaten überbrühen, häuten und hacken. Den Bauchspeck würfeln. In einem weiteren Topf das Öl erhitzen, die Butter und den Speck dazugeben. Zwiebel, Sellerie, Lauch, grüne Bohnen, Karotten, Zucchini, Erbsen und den Knoblauch hinzufügen und alles einige Minuten andünsten (bei Tiefkühlware die Erbsen erst 10 Minuten vor Ende der Garzeit zugeben). Die Tomaten hineingeben, mit Salz und Pfeffer würzen und das Ganze mit Wasser oder Gemüsebrühe ablöschen. Alles zu den Borlotti-Bohnen geben. Die Wirsingblätter, die Pilze und den Reis hinzufügen und das Ganze 16 bis 18 Minuten bei mäßiger Temperatur kochen lassen, bis der Reis gar ist.

FÜR DEN PESTO: Die Knoblauchzehe schälen und grob zerschneiden, die Basilikumblätter von den Stielen zupfen. Knoblauch, Basilikum, Pinienkerne, Salz und Pfeffer mit dem Olivenöl im Mixer pürieren. Parmesan dazugeben und abschmecken. Etwas Suppenflüssigkeit zu dem Pesto geben und diesen in die Suppe rühren.

Noch immer streitet man sich in den verschiedenen Regionen Italiens, wer denn nun diese hervorragende Suppe erfunden hat. Die Genuesen haben in diesem Streit offensichtlich die Nase vorn. Hier gingen viele Seeleute an Land und waren hungrig auf frische Kost. Die umfangreiche Landwirtschaft hielt jede Menge verschiedenster frischer Gemüsesorten bereit. In Kombination mit den für Italien typischen Teigwaren oder dem Reis entstand diese herrliche Suppe, die sogar eine vollständige Mahlzeit darstellen kann.

Roquefort-Spezialitäten

Käsebällchen und Omelette

KÄSEBÄLLCHEN
80 g Blauschimmelkäse
10 g Mehl
10 g Kartoffelmehl
1/8 Liter süße Sahne
oder 125 g Crème fraîche
40–50 g Paniermehl
1 Ei
Salz
frisch gemahlener schwarzer Pfeffer
1 EL Schnittlauchröllchen

gut 1/2 Liter Olivenöl zum Ausbacken

OMELETT MIT ROQUEFORT UND WALNÜSSEN
8–10 Walnüsse
8 Eier
100 g Roquefort
4 TL Noilly Prat
(französischer Wermut)
Salz
frisch gemahlener
schwarzer Pfeffer
4 TL Öl, vorzugsweise
Walnussöl
4 TL Butter
1 Päckchen Kresse

KÄSEBÄLLCHEN
Alle Zutaten mit dem Handmixer oder in der Küchenmaschine verrühren und gut abschmecken. Abgedeckt 20 Minuten stehen lassen. Das Olivenöl erhitzen. Mit 2 Teelöffeln kleine Nocken abstechen und portionsweise schwimmend in dem Öl in etwa 5 Minuten ausbacken. Eine Platte mit Salatblättern auslegen, die Käsebällchen dekorativ darauf anrichten und sofort servieren.

OMELETT MIT ROQUEFORT UND WALNÜSSEN
Die Nüsse knacken und die Kerne hacken. Die Eier in einer Schüssel aufschlagen und verquirlen. Die Nüsse, den zerbröckelten Roquefort und den Noilly Prat hineingeben. Mit Salz und Pfeffer abschmecken.
Eine Pfanne von 16 bis 18 cm Durchmesser erhitzen. 1 Teelöffel Olivenöl hineingeben, dann 1 Teelöffel Butter. Die Eiermischung portionsweise hineingießen und einige Minuten bei mäßiger Temperatur garen, bis der Rand fest wird, vorsichtig wenden und das Omelett auf einen vorgewärmten Teller geben.
Schnell die anderen Omeletts backen.
Mit Kresse garniert servieren.

Gleich zwei Vorspeisen, die dem „König der Käse“, dem Roquefort huldigen. Der französische Schafskäse stammt aus dem kleinen Ort Roquefort in den Cevennen. Bereits zur Zeitenwende war dieser besonders aromatische Blauschimmelkäse berühmt. Schon Plinius schwärmte in seinen Schriften, die wenige Jahre nach Christus entstanden, von dem herrlichen Käse. 1411 ließ Karl VI. den Namen „Roquefort“ gesetzlich schützen.

SALADE NIÇOISE

NIZZA-SALAT

Nizza, die Stadt, die diesem herrlich frischen Salat den Namen gab, hat die berühmteste Strandpromenade der Welt, die Promenade des Anglais. Die lang gezogene Promenade beginnt im Westen am Flughafen und verläuft an der ganzen Stadt entlang bis zum alten Hafen. Daher spielt es eigentlich auch keine Rolle, in welchem Hotel man in Nizza wohnt, man befindet sich nahezu immer in Strandnähe.

1 Kopfsalat
1 römischer Salat
je 1 grüne und
1 rote Paprika
3 Tomaten
einige Sardellenfilets
Saft von ½ Zitrone
1 Bund Radieschen
einige schwarze Oliven

FÜR DIE SALATSAUCE:
8 EL Olivenöl
3 EL Essig
Salz
Pfeffer
1 Prise Zucker
2 hartgekochte Eier
gehackte Kräuter nach Wahl

Den Kopfsalat und den römischen Salat waschen, abtropfen lassen und in mundgerechte Stücke zerpflücken. Die vorbereiteten Paprikaschoten in Streifen schneiden. Die Tomaten waschen und vierteln. Die fein gehackten Sardellenfilets mit dem Zitronensaft zu einer Paste verreiben. Die Radieschen waschen und mit den Oliven in einer Schüssel zusammen mit den anderen Zutaten anrichten.

FÜR DIE SALATSAUCE Öl, Essig, Salz, Pfeffer, Zucker miteinander verrühren und über den Salat geben. Mit hartgekochten Eiern und den gehackten Kräutern garnieren.

Salat Aragosta

SARDINISCHER LANGUSTEN SALAT

1 Staude Stangensellerie
6 EL Weißweinessig
Salz
2 küchenfertige, frische Langustenschwänze, zusammen etwa 600 g
2 vollreife Tomaten
1 Bund Lauchzwiebeln
1 Knoblauchzehe
1 Bund glatte Petersilie
6 EL kaltgepresstes Olivenöl
Pfeffer aus der Mühle

Sellerie waschen und putzen, einige Blättchen aufheben. 3 Stängel in Stücke schneiden, in 2 Liter Wasser mit 3 Esslöffeln Essig und 1 Esslöffel Salz in einem größeren Topf aufkochen. Die Langustenschwänze hineinlegen und bei milder Hitze 15 Minuten garen, im Sud abkühlen lassen. Den übrigen Sellerie in Scheibchen schneiden. Die Tomaten waschen, Stielansätze, Kerne und Flüssigkeit entfernen und das Fruchtfleisch würfeln. Die Zwiebeln putzen, waschen und in Ringe schneiden. Den Knoblauch schälen und hacken. Petersilie und Sellerieblättchen hacken. Alles in eine Schüssel geben. Aus Öl, 3 Esslöffeln Essig, Salz und Pfeffer eine Marinade rühren und Salatzutaten darin mischen. Die Langustenschwänze aus dem Sud nehmen, vom Panzer befreien. Die Därme entfernen. Das Fleisch in nicht zu kleine Stücke schneiden. In einer Schüssel mit 3–4 Esslöffeln Sud begießen und darin wenden. Den Salat auf einer Platte anrichten und die Langustenstücke darauf verteilen.

In Sardinien kommt auf den Tisch, was die Fischer von den Küsten mit nach Hause bringen. Sardinen, Langusten und Thunfisch stehen weit oben auf dem Speiseplan – natürlich fangfrisch. Ein Salat wie dieser wird in Sardinien meist mit dem dort sehr beliebten Hirtenbrot serviert. Die Wahl der Brotbeilage kann sich jedoch von Region zu Region ändern. Sardinien ist für seine unglaubliche Vielfalt an verschiedenen Brotformen bekannt, jede einzelne davon ist typisch für einen Ort oder einen Gedenktag. Einige sind authentische Meisterwerke der Handfertigkeit, geschaffen von Hausfrauen oder Bäckern. Die Form des Brotes variiert jedoch nicht nur von Ort zu Ort, sondern auch von Anlass zu Anlass, so gibt es spezielle Brote für Hochzeiten, Taufen oder Trauerfälle.

Salat Valencia

BUNTER SALAT MIT KRABBEN

je 1 rote und grüne Paprikaschote
1/4 Kopfsalat
1 mittelgroße Zwiebel
2 mittelgroße Orangen (filiert)
250 g Hähnchenfleisch
12 Oliven (entkernt)
150 g Krabben (TK-Produkt)
100 g Muscheln (frisch oder aus dem Glas)

FÜR DIE SALATSAUCE:
3 EL Remoulade
2 EL süße Sahne
Salz
Pfeffer
2 EL Zitronensaft
2 EL Essig

ZUM GARNIEREN:
Salat aus den Herzblättern des Kopfsalats
2 hartgekochte Eier

Die Paprikaschoten halbieren, entkernen, waschen, in Streifen schneiden und in eine große Salatschüssel geben. Den Kopfsalat putzen, waschen und in Streifen schneiden. Die Zwiebel schälen, fein würfeln, ebenso die Orangenfilets würfeln. Gekochtes Hähnchenfleisch in Streifen schneiden. Die Oliven in dünne Scheiben schneiden. Die aufgetauten Krabben und die Muscheln mit den vorbereiteten Salatzutaten in eine Schüssel geben. Die Zutaten für die Sauce verrühren. Das Ganze vorsichtig vermengen und 30 Minuten ziehen lassen. Auf einer Platte, die mit frischen Salatblättern ausgelegt ist, anrichten. Mit den geschälten und in Scheiben geschnittenen Eiern garnieren.

Oliven, Hähnchenfleisch, Paprika, Krabben – was auch immer typisch ist für die spanische Küche, dieser Salat vereint es. Bekannt wurde die Namensgeberin dieses bunten Salates, die Hafenstadt Valencia jedoch vor allem durch die jährlichen Fallas Mitte März. Die Stadtviertel stellen anlässlich dieser Feier zu Ehren des Zimmermannes St. Josef übergroße Holz- und Pappmachéfiguren auf, die sehr häufig das politische Geschehen karikieren. Begleitet wird dies von großen Feierlichkeiten in traditioneller Tracht mit Festessen und Feuerwerken.

Sfiha

TEIGFLADEN MIT LAMMFLEISCH

FÜR DEN TEIG:
120 g Mehl
10 g Hefe
½ TL Zucker
50 ml warmes Wasser
1 EL Olivenöl
Salz

FÜR DEN BELAG:
2 Tomaten
1 Zwiebel
½ rote Peperoni
½ grüne Peperoni
½ Bund glatte Petersilie
½ unbehandelte Zitrone
3 EL Olivenöl
150 g Hackfleisch vom Lamm
2 TL Tomatenmark
1–2 EL Brühe
Salz
frisch gemahlener schwarzer Pfeffer
1–2 Msp. Paprikapulver
2 Msp. Zimt
1 EL Pinienkerne
Butter für das Backblech

FÜR DEN TEIG: Das Mehl in eine Schüssel sieben, in die Mitte eine Vertiefung drücken, die Hefe hineinbröckeln und den Zucker darüber streuen. Die Hefe mit dem Wasser verrühren, etwas Mehl darüber stäuben und an einem warmen Ort 15 bis 20 Minuten gehen lassen. Olivenöl und Salz dazugeben und verkneten, abgedeckt nochmals 20 Minuten gehen lassen. Für den Belag die Tomaten überbrühen, häuten, entkernen und hacken. Die Zwiebel abziehen und fein würfeln. Peperoni entkernen, von den Zwischenwänden befreien und sehr klein schneiden. Die Petersilie waschen, trockentupfen, die Blättchen von den Stielen zupfen und hacken. Die Zitrone waschen, trockentupfen und etwas Schale abreiben, den Saft auspressen. Das Öl in einer Pfanne erhitzen. Das Fleisch anbraten. Zwiebel und Peperoni hinzufügen und einige Minuten weiterbraten. Tomaten, Tomatenmark und Brühe dazugeben. 10 Minuten schmoren lassen. Mit Salz, Pfeffer, Paprikapulver und Zimt würzen, die Petersilie und die Pinienkerne hinzufügen. Mit 1 Teelöffel Zitronensaft und 1 Messerspitze Zitronenschale abschmecken.

Den Teig auf einer mit wenig Mehl bestreuten Arbeitsfläche ausrollen und mit Hilfe eines Ausstechers kleine Fladen von etwa 8 cm Durchmesser formen. Ein Backblech einfetten, die Teigscheiben darauf legen und nochmals einige Minuten ruhen lassen. Die Fleischmischung auf die vorbereiteten Teigfladen verteilen und für 15 Minuten in den auf 200 bis 220 °C vorgeheizten Backofen stellen.

Wie in den meisten Ländern des Orients beginnt auch im Libanon jede Mahlzeit im Kreise der Familie mit einer kleinen Auswahl an Vorspeisen, „Mezze" genannt. Diese Sfiha ist eine besonders beliebte Vorspeise. Die Hefefladen schmecken zwar am besten ofenfrisch, aber auch als Proviant für unterwegs ist das herzhafte Gebäck sehr beliebt. Hinzu kommt, dass Sfiha an den Imbissbuden einer der preiswertesten Snacks ist.
Wer die Abwechslung liebt, wird an den wandelbaren Teigfladen seine Freude haben, denn auch belegt mit verschiedensten Gemüsearten schmecken sie herrlich.

Soup au Pistou

WÜRZIGE GEMÜSESUPPE

FÜR DIE SUPPE:
150 g frische weiße Bohnen
150 g frische rote Bohnen
1 Kräuterbündel (Petersilie, Thymian, Majoran, Lorbeerblatt und Bohnenkraut)
400 g frische grüne Bohnen
1 Stange Lauch
300 g Tomaten
3 Kartoffeln
1–2 Karotten
1 Zucchino
Salz
frisch gemahlener schwarzer Pfeffer
100 g Fadennudeln

Für den Pistou:
3 Knoblauchzehen
3–4 Zweige frisches Basilikum
5 EL Olivenöl
Salz
frisch gemahlener schwarzer Pfeffer
70–80 g geriebener Gruyère oder Emmentaler

FÜR DIE SUPPE: Die weißen und roten Bohnenkerne mit dem Kräuterbündel in 1½ Liter Wasser aufsetzen und bei nicht zu starker Hitze etwa 35 bis 40 Minuten kochen. In der Zwischenzeit die grünen Bohnen putzen und in 2 bis 3 cm große Stücke schneiden. Den Lauch gründlich waschen und in schmale Ringe schneiden. Die Tomaten überbrühen, häuten und klein hacken. Die Kartoffeln schälen, die Karotten und den Zucchino putzen und alles würfeln. Das Gemüse zu den Bohnenkernen in den Topf geben und das Ganze weitere 20 Minuten köcheln lassen. Mit Salz und Pfeffer würzen.
4 bis 5 Minuten vor Ende der Garzeit die Nudeln hineingeben. Zum Schluss das Kräuterbündel entfernen und die Suppe nochmals gut abschmecken.

FÜR DEN PISTOU: Die Knoblauchzehen schälen und zerdrücken. Die Basilikumblättchen von den Stielen zupfen und hacken. Beides vermischen und nach und nach das Öl dazugießen.
Mit Salz und Pfeffer würzen und den Käse hinzufügen. Einen Schöpflöffel Suppe mit dem Pistou verrühren und alles in die heiße Suppe gießen. Umrühren und in einer Suppenterrine servieren.

Der französische Pistou entspricht dem Pesto der Italiener. Traditionsgemäß werden beide normalerweise mit dem Mörser zerstoßen. Wem die Geduld hierfür fehlt, der kann aber auch einen Mixer verwenden. Die duftende Kräuterpaste schmeckt frisch zubereitet am allerbesten. Reste lassen sich jedoch in einem verschlossenen Glas mehrere Tage im Kühlschrank aufbewahren. Mit Spaghetti oder anderen Nudeln serviert hat man so eine weitere schnell zubereitete Mahlzeit.

Taramosaláta und Skordaliá mé patates

Kaviar- und Kartoffelcreme

KAVIARPASTE
150 g trockenes Weißbrot
100 g gepresster roter Kaviar (taramo) aus dem griechischen Lebensmittelladen
100 ml Sonnenblumenöl
Saft von 1 Zitrone

ZUM GARNIEREN:
Dill und Zitronenachtel

KARTOFFEL-PASTE
400 g vorwiegend festkochende Kartoffeln
2–3 Knoblauchzehen
50 g geschälte, geriebene Mandeln
6 EL kaltgepresstes Olivenöl
6–8 EL Fleischbrühe (Instant)
Salz
2 EL Zitronensaft

ZUM GARNIEREN:
1 dünne milde oder scharfe Peperoni
einige Oliven und Petersilienblättchen

TARAMOSALÁTA
Kaviarpaste
Das Brot in etwas warmem Wasser einweichen und mit den Händen gut ausdrücken. Mit dem Kaviar in ein nicht zu feines Haarsieb geben, mit dem Rücken eines Holzlöffels durch das Sieb drücken und verrühren. Jetzt wie bei der Herstellung einer Mayonnaise mit dem Schneebesen nach und nach das Öl unterrühren und die Paste zuletzt mit dem Zitronensaft abschmecken.
Die Paste eine Stunde in den Kühlschrank stellen und mit Dillspitzen und Zitronenachteln garniert servieren.

SKORDALIÁ MÉ PATATES
Kartoffel-Paste
Die Kartoffeln mit Wasser bedeckt kochen, bis sie weich sind. Dann abgießen, mit kaltem Wasser abschrecken, abkühlen lassen und pellen. Die Kartoffeln durch ein Haarsieb oder durch die Kartoffelpresse in eine Schüssel drücken. Die Knoblauchzehen schälen und durch die Knoblauchpresse zu den Kartoffeln drücken. Die Mandeln zugeben und alles vermischen. Mit dem Schneebesen nach und nach Olivenöl und so viel Fleischbrühe unterrühren, bis ein geschmeidiges Püree entstanden ist. Die Paste mit Salz und Zitronensaft abschmecken und eine Stunde kühl stellen.
Zum Dekorieren die Peperoni abspülen, die Kerne entfernen. Peperoni abtrocknen und in sehr dünne Ringe schneiden. Vor dem Servieren die Paste mit den Peperoniringen, den Oliven und den Petersilienblättchen appetitlich anrichten.

Bereits die alten Ägypter und Phönizier wussten, wie man Fischeier durch Salzen konserviert und somit den edlen Kaviar herstellt. Im alten Griechenland servierte man Kaviar bei festlichen Banketten, die Perser verwendeten ihn als Medizin und die russischen Zaren nannten ihn sogar „Speise der Götter“. Normalerweise isst man Kaviar löffelweise direkt aus der Dose, am besten jedoch nicht mit Metall- oder Silberlöffeln, da diese den feinen Geschmack des Kaviars beeinträchtigen. Diese Zubereitungsweise des Kaviars stellt eine besonders unkomplizierte Art der Verarbeitung dar. Meist serviert man die beiden Pasten mit frischem knusprigem Weißbrot und griechischem Wein oder Ouzo vor dem Essen als „Mezethakia“, als typisch griechische Vorspeise.

PRODUCT OF
GREEK

Tunesische Harissa-Suppe

SCHARFE BOHNENSUPPE

350 g dicke weiße Bohnen
1 Gemüsezwiebel
2 Fleischtomaten
4 EL Olivenöl
2 EL Tomatenmark
1 ½ Liter ungesalzene Lammfleischbrühe

FÜR DIE HARISSA-MISCHUNG:
30 frische Chilischoten
3–4 Knoblauchzehen
2 ½ TL Kreuzkümmel
1 TL Koriander
Salz
8–10 EL Olivenöl
1 TL Paprikapulver, edelsüß

1 Bund Schnittlauch

Tipp:
Die Chilischoten am besten nur mit Handschuhen anfassen.

Die Bohnen über Nacht in kaltem Wasser einweichen. Am nächsten Tag die Zwiebeln abziehen und hacken. Die Tomaten überbrühen, häuten, hacken und würfeln. Das Olivenöl in einem Topf erhitzen. Die Zwiebel darin andünsten. Tomatenwürfel und Tomatenmark zufügen und mit der Lammfleischbrühe ablöschen. Die Bohnen aus dem Einweichwasser nehmen, durchspülen und hineingeben.
Etwa 75 Minuten köcheln lassen, bis die Bohnen weich sind. Den Schaum öfters abschöpfen. Währenddessen die Chilischoten aufschneiden, Zwischenwände und Kerne entfernen und sehr klein schneiden. Den Knoblauch abziehen, zerdrücken und mit Kreuzkümmel, Koriander und Salz zu einer Paste verarbeiten. Das Olivenöl unter Rühren zufügen. Die Bohnen pürieren, mit Salz und Paprika würzen und 1 bis 2 Teelöffel Harissa in die Suppe rühren. Den Schnittlauch in Röllchen schneiden und über die Suppe streuen.
Die restliche Harissa hält sich einige Tage im Kühlschrank.

Variante: Die Harissa wird mit gehäuteten, klein geschnittenen roten Paprikaschoten milder.

Die sehr scharfe rote Harissa stammt eigentlich aus Tunesien, wird heute jedoch fast überall in der nordafrikanischen Küche eingesetzt. Serviert wird die Harissa in einem Schälchen mit einem ganz kleinen Löffel. Man kann sie in kleinen Tuben oder Gläsern, manchmal sogar in Pulverform kaufen. Sie selbst zuzubereiten bietet jedoch den Vorteil, dass man sie etwas abmildern kann. In Marokko findet man neben der Bezeichnung Harissa auch den Namen „Sahka", beides ist jedoch nahezu dasselbe.

Überraschende Mezze

GEFÜLLTE WEINBLÄTTER

Für etwa 4–6 Personen

20 eingelegte Weinblätter
30 g Korinthen
100 g Reis
2 Zwiebeln
1 Bund Dill
8–10 frische Minzblättchen
1/8 Liter Olivenöl
50 g Pinienkerne
Salz
frisch gemahlener schwarzer Pfeffer
1 TL Zimt
1 unbehandelte Zitrone

Die Weinblätter kurz im Wasser blanchieren und abtropfen lassen. Die Korinthen in warmem Wasser einweichen und getrennt davon auch den Reis. Die Zwiebeln abziehen und fein hacken. Den Dill und die Minze waschen, trockentupfen und hacken. 5 bis 6 Esslöffel Olivenöl erhitzen und die Zwiebeln anbraten. Den abgetropften Reis, die abgetropften Korinthen, Pinienkerne, Dill und Minze hinzufügen. Mit Salz, Pfeffer und Zimt würzen, kurz anbraten und mit etwa 1/4 Liter Wasser ablöschen. Zugedeckt bei mäßiger Temperatur 20 bis 25 Minuten köcheln lassen. Vom Herd nehmen und abkühlen lassen. Das Wasser sollte verdampft sein. Die Zitrone in Scheiben schneiden. Einen weiten Schmortopf mit Weinblättern auslegen. Auf die anderen Weinblätter 1 1/2 TL Reismischung geben. Die Seitenteile einschlagen und das Blatt aufrollen. Die gefüllten Weinblätter in den Topf legen und mit den Zitronenscheiben belegen. 1/4 Liter Salzwasser und das restliche Olivenöl hineingießen. 20 Minuten bei mäßiger Temperatur garen. Damit sich die Röllchen nicht öffnen, kann man einen umgedrehten Teller darauf legen. Kalt servieren.

Eine einfache und doch raffinierte „Mezze“, eine der traditionellen Vorspeisen, die man eigentlich hauptsächlich aus Griechenland kennt. Gefüllte Weinblätter isst man jedoch vom Nahen Osten bis hin zu den Maghreb-Staaten als Vorspeise. Dazu wird nahezu immer Brot als Beigabe gereicht. Gefüllte Weinblätter sind sowohl warm als auch kalt ein Genuss der besonderen Art. Sie schmecken nicht nur lecker, sondern sorgen ganz nebenbei auch noch für Spannung. Was sich wohl in dem liebevoll aufgerollten Weinblatt für eine Leckerei verbergen mag?

CARLO
& C SNC
ALBANO

Artischocke an Comté

GEFÜLLTE ARTISCHOCKE

4 große Artischocken
Zitronensaft
Salz
frisch gemahlener Pfeffer
250 g Comté
1 Bund Petersilie
1 Knoblauchzehe
5 EL Olivenöl

Die Artischocken waschen, die Stiele abschneiden, die obersten Blattspitzen kappen und die untersten vier Blätter entfernen. Alle Schnittstellen mit Zitronensaft einreiben, damit sie durch Oxidation an der Luft nicht braun werden. Die Artischocken in leicht gesalzenes und gesäuertes, siedendes Wasser geben und 10 Minuten vorkochen. Das Gemüse herausheben, abtropfen und abkühlen lassen. Das „Heu" von den Artischockenböden entfernen und die Blätter wie einen Blütenkelch schön auseinander spreizen. Die Artischocken innen salzen und pfeffern. Den Käse in feine Streifen schneiden, in die Artischocken geben und dabei auch einige Streifchen zwischen die Blätter stecken. Die Petersilie waschen, trockenschwenken, fein hacken und auf die Artischocken streuen. Den Knoblauch schälen und durch eine Knoblauchpresse auf die Artischocken drücken. 3 Esslöffel Olivenöl in einem großen Topf erhitzen, die Artischocken eng nebeneinander hineinsetzen und kurz andünsten. Restliches Öl in die Artischocken träufeln. Mit etwa ⅛ Liter heißem Wasser ablöschen und die Artischocken zugedeckt bei schwacher Hitze etwa 50 Minuten schmoren. Bei Bedarf heißes Wasser nachgießen.
Die Artischocken auf eine vorgewärmte Platte geben und mit dem Kochsud begießen. Dazu passt Kalb- oder Geflügelfleisch und als Getränk ein französischer Weißwein.

Der Comté genießt vom ersten bis zum letzten Schritt der Herstellung höchste Aufmerksamkeit und Pflege, schließlich muss er auch hohen Qualitätsstandards gerecht werden. Die Milch, die für seine Herstellung verwendet wird, muss von der Montbéliard-Kuh stammen, einer besonders edlen Kuhrasse, deren Nahrung für die Qualität der Milch eine große Rolle spielt. Montbéliard-Kühe dürfen daher ausschließlich die saftigen Gräser und Kräuter der Weiden und im Winter Heu von den Jurawiesen fressen. Fermentierte Nahrung sowie Silofutter sind absolut tabu. Ein Aufwand, der sich für die Bauern der Comté-Region durchaus lohnt, denn je hochwertiger die Qualität des Käses im Endergebnis wird, desto höher ist der Preis, den sie für die Milch erzielen.

Auberginen Parma-Art

AUBERGINEN-KÄSE-AUFLAUF

750 g Auberginen
Salz
30 g Mehl
3 Eier
Pfeffer
Olivenöl zum Braten
½ Liter Tomatensauce (aus Fertigprodukt)
50 g Parmesan
50 g Mozzarella (ersatzweise Emmentaler)
30 g Butter

Auberginen waschen, von Stielansätzen befreien, in 1 cm dicke Scheiben schneiden, beiderseits salzen und 20 Minuten ziehen lassen, dann trockentupfen. Die Scheiben nacheinander in Mehl und mit Pfeffer verquirlten Eiern wenden, in der Pfanne in heißem Öl von beiden Seiten goldgelb braten, auf Küchenkrepp abtropfen lassen. Tomatensauce nach Vorschrift zubereiten, abschmecken, Die Hälfte der Sauce in eine ofenfeste Form gießen, die Auberginen hineinschichten, jede Schicht mit geriebenem Parmesan und Mozzarella bestreuen. Restliche Tomatensauce darüber gießen, mit dem restlichen Käse bestreuen und Butterflöckchen aufsetzen. Die Form in den vorgeheizten Ofen schieben und 25 bis 30 Minuten bei 200 °C überbacken, dabei mit Alufolie zudecken, die erst für die letzten 10 Minuten abgenommen wird. In der Form heiß zu Tisch geben. Dazu passen Kalbsschnitzel oder -braten und als Getränk ein italienischer Rotwein der leichteren Sorte.

Der von Natur aus eher geschmacksneutralen Aubergine verleiht bei diesem Gericht der Parmesan eine ganz besonders aromatische Note. Parmesan gilt als der vielseitigste aller Käse. Außer der Reifedauer beeinflusst auch die Jahreszeit, zu der die verwendete Milch gewonnen wurde, den Geschmack des würzigen Hartkäses. Unter Gourmets wird der Herbst-Parmesan als besonderer Geheimtipp gehandelt, da sein Aroma das edelste sein soll. In der Zeit vom 11. November bis zum 1. April wird überhaupt kein Parmesan hergestellt, da die Milch, die die Kühe in dieser Zeit geben, nicht den Qualitätsstandards der Parmesan-Herstellung entsprechen.

Brodetto

FISCHEINTOPF

FÜR DIE POLENTA:
Salz
300 g Polenta-Maisgrieß
1 EL Sonnenblumenöl

FÜR DEN FISCHEINTOPF:
1 kg gemischter Fisch, z. B. Kabeljau, Rotbarsch, Merlan
3 EL Zitronensaft
2 große Zwiebeln
3 Knoblauchzehen
500 g gut reife Tomaten
Salz
2 EL Mehl
5 EL Olivenöl
je ¼ Liter Brühe (Instant) und trockener Weißwein
1 Bund glatte Petersilie
schwarzer Pfeffer aus der Mühle

Tipp:
Man kann den Fischtopf auch noch mit 50 g schwarzen Oliven anreichern, die 5 Minuten vor Ende der Garzeit zugegeben werden.

FÜR DIE POLENTA: Den Backofen auf 50 °C vorheizen. 1 ½ Liter Wasser mit 1 ½ Teelöffel Salz in einem mittelgroßen Topf zum Kochen bringen. Die Hitze auf Mittelstufe herunterschalten und unter Rühren mit einem Holzlöffel den Maisgrieß in das Wasser rieseln lassen – Vorsicht, es spritzt! Den Brei rühren, mindestens 20 Minuten, bis er sich vom Topfrand löst. Eine ovale Platte mit Öl einpinseln, die Polenta darauf geben, die Oberfläche glatt streichen und im vorgeheizten Backofen warm halten, bis der Fischeintopf fertig ist.

FÜR DEN FISCHEINTOPF: Den Fisch mit kaltem Wasser abspülen, mit Küchenpapier abtrocknen, in Portionsstücke schneiden und mit 2 Esslöffel Zitronensaft beträufelt beiseite stellen. Die Zwiebeln schälen, vierteln und in Streifchen schneiden. Den Knoblauch schälen. Die Tomaten mit kochendem Wasser übergießen, kurz stehen lassen, pellen, halbieren, die Stielansätze herausschneiden und das Tomatenfleisch würfeln. Die Fischstücke leicht mit Salz bestreuen und in dem Mehl wenden. In einem großen Bräter das Olivenöl stark erhitzen und den Fisch von beiden Seiten jeweils 3 Minuten goldbraun anbraten, aus dem Topf nehmen und beiseite stellen. Den Herd auf Mittelhitze schalten, die Zwiebeln in das Bratöl geben, den Knoblauch durch die Presse dazudrücken und mit den Zwiebeln glasig braten. Tomaten unterrühren, Brühe und Wein zugießen und alles im geschlossenen Topf 8 Minuten garen. Die Petersilie abspülen, die Blättchen hacken und unter den Sud rühren. Alles mit Salz, Pfeffer und 1 Esslöffel Zitronensaft abschmecken. Die Fischstücke im Topf 5 Minuten erhitzen. Die Polenta in 1,5 bis 2 cm dicke Scheiben schneiden, mit dem Fisch servieren.

Typisch für Dalmatien ist die einfache und gutmütige Natur der Gastgeber, ihr lauter, aber offenherziger Charakter, ihr aufrichtiger Wunsch, dem Gast das Beste, was sie haben, anzubieten. Und zum Besten Dalmatiens gehört eindeutig diese kraftvolle Fischsuppe. Zu Brodetto wird nicht nur Polenta gereicht, sondern häufig auch Brot. In der Polenta macht sich der Einfluss Italiens auf Dalmatien bemerkbar. Auch die Verwendung von Olivenöl und Wein im Brodetto geben dem Gericht seinen typisch mediterranen Geschmack.

Dorada

DORADE AUF SPANISCHE ART

1 kg Dorade
1 EL Zitronensaft
Salz
1 EL Mehl
Olivenöl zum Braten
1 Zwiebel
250 g Tomaten
500 g kleine Kartoffeln
300 g Perlzwiebeln
1 Knoblauchzehe
½ Bund Petersilie
1 hart gekochtes Ei

Weinempfehlung:
Ein leichter Rotwein oder Rosé

Den Fisch vorbereiten, filetieren und in Portionsstücke teilen. Mit Zitronensaft beträufeln und salzen. Die Fischstücke in Mehl wenden und im heißen Olivenöl auf beiden Seiten goldgelb braten. Anschließend fertig garen und auf einer vorgewärmten Platte warm stellen. Die Zwiebel schälen und in Ringe, die Tomaten waschen, vom Stielansatz befreien und in Scheiben schneiden. Im Fischbratöl andünsten und danach in einen Topf geben. Die geschälten Kartoffeln und die Perlzwiebeln hinzufügen. Etwa ⅛ Liter Wasser angießen, den Topf zudecken. Das Ganze aufkochen lassen und bei schwacher Hitze 12 Minuten garen. Den Fisch, die zerdrückte Knoblauchzehe und das fein gehackte Ei dazugeben und zugedeckt weitere 15 Minuten kochen lassen. Mit der gehackten Petersilie bestreuen und servieren.

Der Hauptbestandteil dieses Gerichts, das die spanischen Nationalfarben trägt, ist die Dorade, bei uns auch als Goldbrasse bekannt. Schon in der lateinischen Bezeichnung dieser Fischart – Sparus auratus – wird dem auffälligen sichelförmigen Goldband auf der Stirn des Fisches Rechnung getragen. Auch auf den Wangen trägt die Dorade goldene Flecken und ihre Rückenflosse ist mit verschiedenen Strahlen besetzt. Dieser Mittelmeerfisch ist also nicht nur ein kulinarisches Highlight mit seinem weißen, schmackhaften Fleisch, sondern mit seinem ausgefallenen Aussehen ein echter Hingucker.

Frittata di asparagi di campo

OMELETT MIT WILDSPARGEL

500 g wilder Spargel oder
500 g grüner Spargel
8 Eier
Salz
frisch gemahlener weißer Pfeffer
4 EL natives Olivenöl extra

AUßERDEM:
150 g Pecorino Toscano

Junger Wildspargel kann für dieses Omelett roh verwendet werden. Den Spargel unter fließendem kaltem Wasser kurz waschen und abtropfen lassen. Die Stangen, vom Spargelkopf ausgehend, in 5 cm lange Stücke abbrechen. Mögliche harte Enden der Stangen abschneiden. Die Eier mit einem Schneebesen verquirlen, leicht salzen und pfeffern. Die Eimasse portionsweise zu vier Omeletts ausbacken. Dafür je 1 Esslöffel Öl in einer gusseisernen Pfanne erhitzen, ein Viertel der Eiermasse hineingießen, etwas Spargel einlegen und nur so lange braten, bis die Unterseite gerade goldfarben ist. Das Omelett wenden und weitere 1 bis 2 Minuten backen. Herausnehmen und warm halten, bis alle Omeletts fertig sind. Die Omeletts auf Tellern anrichten. Pecorino Toscano separat dazu servieren und frisch über das Omelett reiben. Nach Wunsch noch etwas Olivenöl darüber träufeln.

Wildspargel, der ursprüngliche Asparagos, wächst auch bei uns, ganz dem Tageslicht ausgesetzt. Die meisten kommen jedoch aus Italien und Frankreich. Wilder Spargel ist grün und dünn. Sein Geschmack ist viel ausgeprägter als bei seinen gezüchteten Nachfahren. Seit ihn die gehobene Gastronomie wieder entdeckt hat, ist Wildspargel teurer geworden und seltener erhältlich. Zumindest in diesem einfachen, aber umso geschmacksintensiveren Rezept, kann der Wildspargel einfach durch grünen Spargel ersetzt werden.

Greixera Heilbutt

HEILBUTT IN WIRSING

8 große Wirsingblätter
Salz
8 Scheiben Heilbutt (à 100 g)
Pfeffer
3 EL Öl
50 g Blutwurst
50 g Sobreasada
30 g Pinienkerne
30 g Rosinen
1 große Zwiebel
4 Knoblauchzehen
1 große Tomate
½ TL milder Paprika
¼ Liter trockener Weißwein

Weinempfehlung:
Ein frischer, fruchtiger Weißwein, z. B. aus dem Anbaugebiet von Plá Llevant de Mallorca.

Die Wirsingblätter in Salzwasser blanchieren und abtropfen lassen. Die Heilbuttscheiben mit Salz und Pfeffer würzen. Öl in einer großen Eisenpfanne erhitzen und den Fisch darin rundherum anbraten. Die Kohlblätter auf der Arbeitsfläche ausbreiten, je 1 Heilbuttscheibe darauf legen und darauf etwas klein gewürfelte Blutwurst und Sobreasada geben. Die Scheiben in die Kohlblätter einschlagen und zubinden. In eine Tonform geben und warm halten. Im restlichen Öl zunächst die Pinienkerne und die Rosinen anbraten und anschließend herausnehmen. Dann nacheinander die klein gehackte Zwiebel, die ganzen Knoblauchzehen und die geschälte und klein gewürfelte Tomate anbraten. Rosinen und Pinienkerne dazugeben und mit Paprika würzen.
Mit dem Wein aufgießen und einmal aufkochen lassen. Das Ganze über dem Heilbutt verteilen und das Gericht etwa 30 Minuten bei 175 °C (Gas Stufe 2–3) im Backofen schmoren.

Typischer für Mallorca als diese raffinierte Fischvariation kann ein Gericht kaum sein. Hier kann nicht nur der mallorquinische Koch seine Vorliebe für ausgetüftelte Zubereitungen ausleben, sondern auch die auf Mallorca typische Tonform, die „greixera“ kommt zum Einsatz. Der Fisch wird nicht nur in dieser Tonform überbacken, sondern auch serviert. Und kein Gericht passt besser in diese Tonform als die Kombination aus Fisch, herzhafter Wurst und süßlicher Sauce.

Kefal Pilakisi

MEERÄSCHEN MIT TÜRKISCHEM GEMÜSE

1 kg küchenfertige Meeräschen ohne Köpfe und Flossen
2 mittelgroße Zwiebeln
3 Knoblauchzehen
300 g mittelgroße Möhren
300 g festkochende Kartoffeln
6 EL kaltgepresstes Olivenöl
2 mittelgroße Tomaten
1 TL Tomatenmark
Salz
½ TL Zucker
Pfeffer aus der Mühle
2 unbehandelte Zitronen
je ½ Bund glatte Petersilie und Dill

Die Fische in Querrichtung in 3–4 cm breite Stücke schneiden. Zwiebeln und Knoblauch schälen und in dünne Scheiben schneiden. Möhren und Kartoffeln schälen und würfeln. In einer Pfanne mit hohem Rand das Gemüse im Olivenöl bei mittlerer Hitze unter Rühren 8–10 Minuten dünsten. Die Tomaten häuten und würfeln und unter das Gemüse mischen. Das Tomatenmark in ⅛ Liter Wasser glatt rühren und hinzufügen. 1 Teelöffel Salz, Zucker und 1 gute Prise Pfeffer unterrühren. Die Fischstücke zwischen das Gemüse legen. Die Zitronen waschen, eine davon in dünne Scheiben schneiden, Kerne entfernen. Das Gericht mit Zitronenscheiben belegen und zugedeckt bei milder Hitze 30 Minuten dünsten. Den Topf gelegentlich leicht rütteln.

Nach dem Garen die Zitronenscheiben entfernen. Kräuter hacken, vorsichtig unter das Gericht heben und leicht abkühlen lassen. Die zweite Zitrone in Achtel schneiden und zum Beträufeln mitservieren.

Sollten Sie zufällig an der türkischen Mittelmeerküste Fischer beim Fluchen beobachten, so wundern sie sich nicht. Dieser Fischer hat vermutlich gerade entdeckt, dass ihm wieder einmal zahlreiche Meeräschen „verloren" gegangen sind. Dieser wendige Fisch ist nämlich ein wahrer Überlebenskünstler. Mal springt er über den Rand des Fischernetzes, mal sucht er sich eine offene Netzstelle und entkommt unbemerkt durch diese. Die Meeräschen, die jedoch im Netz bleiben, werden meist mit diesem würzigen Gemüse serviert. Dazu reicht die türkische Fischersfrau gerne frisches Fladenbrot. Als Getränke kommen Raki, Anisschnaps mit Eiswasser oder trockener Weißwein auf den Tisch.

SPIRITUOSE

Kifta Sinije Bil Furun

ÄGYPTISCHE FLEISCHTORTE

800 g Hammelfleisch
3 EL Olivenöl
3 Zwiebeln
1 Knoblauchzehe
4 EL grob gehackte Petersilie
3 EL gehackte grüne Oliven
3 Eier
Salz
Pfeffer
¼ Liter Tahine (Sesampaste)
100 g geröstete Pinienkerne

BROTFLADEN:
30 g Hefe
500 g Weizenmehl
⅛ Liter lauwarmes Wasser
Salz
1 Eigelb
1 TL Olivenöl
1 TL Sesam
etwas Butter

Das Hammelfleisch durch den Fleischwolf drehen. Öl erhitzen, die klein gehackten Zwiebeln und die gehackte Knoblauchzehe goldgelb rösten, bis sie knusprig sind. Aus Hackfleisch, Zwiebeln, Knoblauch, Petersilie, Oliven, Eiern, Salz und Pfeffer eine glatte, weiche Masse formen. Eine Springform mit Butter ausstreichen, die Masse einfüllen, mit Tahine übergießen, im mittelheißen Backofen 40–45 Minuten backen und mit Pinienkernen bestreuen.

FLADENBROT: Hefe in Wasser auflösen. Mehl, Hefewasser und Salz zu einem glatten Teig verarbeiten. Zudecken und 20 Minuten gehen lassen. Auf einem bemehlten Brett flache Fladen formen, mit einer Mischung aus Eigelb und Öl bestreichen, mit Sesam bestreuen und im auf 200–220 °C vorgeheizten Backofen bei 200 °C auf einem mit Butter ausgestrichenen Backblech etwa 12 Minuten goldgelb backen. Kifta wird wie eine Torte aufgeschnitten und mit heißem Fladenbrot und Joghurt serviert.

Die Sesampaste, Tahine, Tahina oder auch Tahini genannt, die hier über das Hackfleisch gegossen wird, findet in der arabischen Küche vielseitige Verwendung. Sie wird nicht nur unter andere Zutaten gemischt, sondern auch als Beilage oder Dip gereicht. Man unterscheidet Tahine aus geschältem und aus ungeschältem Sesam. Tahine aus ungeschältem Sesam ist dunkler und bitterer, enthält aber mehr Vitamine und Nährstoffe. Häufig wird Tahina aus einer Mischung beider Sesamsaaten hergestellt. Tahina ist sehr vitaminreich (vor allem B1, B2 und B6) und enthält sehr viel Kalzium (mit 783 mg pro 100 g fast 5x so viel wie Kuhmilch).

Lahm Lhalou

LAMM NACH OASENART

800 g Lammschulter
Salz
50 g Butter
80 g Mandeln
1 Zimtstange
1–2 EL Orangenblütenwasser
150 g Zucker
250 g Backpflaumen

Das Lammfleisch in Würfel schneiden, rundum mit Salz bestreuen und in heißer Butter rasch von allen Seiten anbraten. Gehackte Mandeln, die in Stücke gebrochene Zimtstange, das Orangenblütenwasser und den Zucker beigeben, mit 2 Tassen Wasser ablöschen und das Ganze bei 220 °C etwa 40 Minuten garen. Dann gibt man die Backpflaumen zu, rührt gut durch, reduziert die Hitze ein wenig und dünstet alles noch einmal 15 Minuten. Zu Lahm Lhalou reicht man Reis und einen kräftigen Rotwein.

Wie viele arabische Gerichte vereint auch diese algerische Spezialität würziges Fleisch mit süßen Backpflaumen. Eine Kombination, die bei uns eher selten serviert wird. Vielleicht empfinden wir gerade deshalb diese Kreationen als besonders exotisch und fremdländisch. Doch auch wenn es ungewohnt ist, Ihr Gaumen wird dieses duftende Gericht lieben.

LASAGNE IN GRÜN

BASILIKUM-LASAGNE

FÜR DIE BASILIKUM-PASTE (PESTO):
80–100 g Basilikum
3 Knoblauchzehen
40–50 g Pinienkerne
Salz
40 g frisch geriebener Parmesan oder Pecorino Sardo
80–100 ml kaltgepresstes Olivenöl

FÜR DIE BÉCHAMEL-SAUCE:
60 g Butter
50 g Mehl
gut 3/4 Liter Milch
Salz
frisch gemahlener weißer Pfeffer
abgeriebene Muskatnuss
2 Tomaten
Butter für die Form
etwa 12 Lasagneteigblätter
40–50 g frisch geriebener Parmesan zum Bestreuen
30–40 g Pinienkerne

Für den Pesto das Basilikum waschen, trockentupfen und die Blättchen von den Stielen zupfen. Den Knoblauch abziehen. Entweder beides zusammen mit Pinienkernen und Salz im Mörser zerstoßen und den geriebenen Käse sowie das Olivenöl nach und nach unter Rühren hinzugeben oder, was wesentlich einfacher geht, alles im Mixer pürieren.
Für die Béchamelsauce die Butter in einem Topf erhitzen. Das Mehl hineinstreuen und goldgelb durchschwitzen lassen. Separat die Milch erhitzen. Unter ständigem Rühren mit dem Schneebesen nach und nach die heiße Milch hinzugießen. 8 bis 10 Minuten bei mäßiger Temperatur köcheln lassen. Vom Herd nehmen. Die Basilikumpaste hineinrühren. Mit Salz, Pfeffer und Muskatnuss würzen.
Die Tomaten waschen, vom Stielansatz befreien und in sehr dünne Scheiben schneiden. Eine feuerfeste, möglichst rechteckige Auflaufform von etwa 24 x 34 cm mit Butter ausstreichen. Den Backofen auf 200 °C vorheizen. Etwas Sauce in die Form gießen, so dass der Boden bedeckt ist. Mit Lasagneblättern auslegen. Wieder Sauce darauf verteilen. Nun mit Tomatenscheiben bedecken. Es folgen Lasagneblätter, Sauce und Tomaten, bis alles aufgebraucht ist. Mit dem Parmesan und den Pinienkernen bestreuen. Im vorgeheizten Backofen in etwa 35 Minuten backen.
Heiß, lauwarm oder kalt ist dieses Gericht gleichermaßen ein Genuss. Ein trockener Weißwein aus Ligurien ist ein idealer Begleiter.

Basilikum, das Gewürz, das dieser Lasagne ihre ganz besondere Note verleiht, schmeckt am besten frisch. Die empfindlichen Blätter eignen sich weniger zum Trocknen und sollten sogar erst ganz kurz vor dem Servieren hinzugefügt werden. Basilikum eignet sich neben dem Würzen auch hervorragend als Heilkraut. Ein Aufguss aus den frischen Blättern ergibt ein sanftes Abführmittel. Stärkend wirken die Basilikumblätter, wenn man sie für einige Stunden in Wein einlegt.

Lahm el M'Quali

ZITRONENLAMM

8 Lammkoteletts
3 Zitronen
60 g Fett
4 Tomaten
Salz
Pfeffer
½ Stange Zimt
16 entkernte Oliven

Die Lammkoteletts mit dem Saft von 2 Zitronen marinieren und 2 Stunden kühl stellen. Fett erhitzen, das Fleisch von beiden Seiten goldgelb braten, aus der Pfanne nehmen und in eine feuerfeste Form legen. In Scheiben geschnittene Tomaten in den Bratfond geben, mit Salz, Pfeffer und Zimt würzen und 5 bis 8 Minuten dünsten. Die Tomatenmasse über das Fleisch gießen und zugedeckt alles in weiteren 8 bis 10 Minuten weich dünsten.
Bei Bedarf etwas Brühe oder Wasser zugießen. Vor dem Servieren halbierte Zitronenscheiben und die Oliven untermischen. Sehr heiß mit Reis servieren.

Bereits im 9. Jahrhundert brachten die Araber die Zitrone von Persien nach Marokko, wo sie sich sehr schnell großer Beliebtheit erfreute. In diesem Land wird die Zitrone zum Kochen verwendet, wie in wohl keinem anderen Land dieser Erde. Erntefrische Zitronen werden mit viel Salz eingelegt, damit nach einer Reifungsperiode vor allem die Schalen als Würzmittel, zum Beispiel für die beliebten Fleischeintöpfe, die „tagines", verwendet werden können. Vielleicht zählt die marokkanische Küche ja gerade wegen solcher kleinen Raffinessen zu den aufregendsten der Welt.

Lithrine fourno ala spetsiota

MITTELMEERBRASSEN AUF GRIECHISCHE ART

2 küchenfertige Meerbrassen, je 600 g
Salz
Pfeffer aus der Mühle
Saft von 1 Zitrone
2 Rosmarinzweige
1 Bund Lauchzwiebeln
2 Knoblauchzehen
200 g vollreife Tomaten
1 Bund glatte Petersilie
4 EL kaltgepresstes Olivenöl
⅛ Liter trockener Weißwein
2 EL Paniermehl
100 g Feta-Käse

Die Fische abspülen, abtrocknen, innen und außen mit Salz und Pfeffer bestreuen und mit Zitronensaft beträufeln. In jede Bauchöffnung einen Rosmarinzweig stecken. Die Fische in eine große Form geben. Zwiebeln putzen, waschen und in 5 cm lange Stücke schneiden. Den Knoblauch schälen, in Scheibchen schneiden, die Tomaten häuten und würfeln. Die Petersilie abspülen und hacken. 3 Esslöffel Olivenöl in der Pfanne erhitzen, Zwiebeln und Knoblauch darin glasig braten, dann Tomaten und Petersilie kurz mitbraten. Den Wein unterrühren, alles aufkochen, abschmecken und auf den Fischen verteilen. Das Paniermehl aufstreuen, 1 Esslöffel Öl darauf träufeln und im 200 °C heißen Ofen auf der mittleren Schiene 15 Minuten backen. Den Käse grob zerkrümeln, aufstreuen und die Fische noch 10 Minuten backen.

Zu dieser von der Würze des Feta geprägten Schlemmerei trinkt man am besten trockenen Weißwein, vorzugsweise von der Insel Santorin. Als Beilage eignet sich hervorragend frisches, knuspriges Weiß- oder Fladenbrot. Als typischer Mittelmeerfisch schmeckt die Brasse am besten mit frischen mediterranen Gewürzen wie Thymian-, Fenchel- oder Rosmarinzweigen, die den Fischen Duft und Aroma verleihen. Bei diesem Rezept, das von der Insel Spetes stammt, wird der Effekt der Kräuter noch durch die Zugabe von fruchtigem Olivenöl verstärkt.

Lotte de mer à la Palavasienne

SEETEUFEL MIT RATATOUILLE

800 g Schwanzstück des Seeteufels, vom Fischhändler gehäutet und in 4 Scheiben geschnitten
4 Knoblauchzehen
1 EL Zitronensaft
Salz
Pfeffer aus der Mühle
4 Schalotten
2 Paprikaschoten
2 kleine Auberginen
2 mittelgroße Zucchini
4 mittelgroße Tomaten
8 EL Olivenöl
je 2 Stängel Thymian und Basilikum
3–4 EL Mehl

Die Seeteufel-Stücke kalt abspülen, abtrocknen und von der gallertartigen Mittelgräte schneiden. Den Knoblauch schälen, 2 Zehen in Stifte schneiden und den Fisch damit spicken. Mit Zitronensaft einreiben, salzen, pfeffern und zugedeckt kühl stellen. Die Schalotten schälen, mit dem übrigen Knoblauch würfeln. Die Paprikaschoten putzen, in Würfelchen schneiden. Von den Auberginen die Stiele und Manschetten entfernen, die Früchte klein würfeln. Von den Zucchini Stiel- und Blütenansätze entfernen, schadhafte Stellen abschaben und die Zucchini klein würfeln. Tomaten häuten, das Fruchtfleisch würfeln. 4 Esslöffel Olivenöl bei mittlerer Hitze heiß werden lassen und Zwiebeln und Knoblauch glasig braten. Paprika und Auberginen untermischen, alles 2 Minuten dünsten. Zucchini und Tomaten hinzufügen und unter gelegentlichem Rühren das Gemüse 5 bis 6 Minuten im offenen Topf fertig dünsten. Mit Salz und Pfeffer abschmecken. Die Kräuter hacken und untermischen. Das Gemüse in eine flache Auflaufform füllen. Den Fisch in Mehl wenden. Restliches Öl in der Pfanne gut erhitzen, den Fisch rundum goldbraun braten, zwischen das Gemüse legen und im 180 °C heißen Ofen auf der mittleren Schiene noch 15 Minuten garen.

Das weiße, feste und grätenlose Schwanzfleisch des Seeteufels serviert man in Frankreich gerne mit einem Ratatouille-Gemüse und Baguettebrot. Dazu trinkt der Franzose am liebsten einen leichten, trockenen Weißwein. Aber auch für den eher unansehnlichen Kopf dieses Fisches haben französische Köche eine Verwendung gefunden. Sie bereiten daraus eine sogenannte Monster-Suppe zu.

Marokkanischer Festschmaus

COUSCOUS

100 g Kichererbsen
500 g Couscous
1/8 Liter Wasser
1 Hähnchen
2 Karotten
3 Frühlingszwiebel
1 Liter Gemüsebrühe
Meersalz
frisch gemahlener schwarzer Pfeffer
1/4 TL Safran
1 rote Paprikaschote
3 Zucchini
3 Tomaten
1 Bund glattblättrige Petersilie
2 EL Butter
Chilipfeffer
Paprikapulver

Kichererbsen über Nacht einweichen. Couscous in eine weite Schüssel geben und mit kaltem Wasser besprengen, dabei das Couscous verrühren, um eine Klümpchenbildung zu vermeiden. Das ausgenommene Hähnchen in vier Teile zerlegen. Karotten schaben, stifteln und Frühlingszwiebeln in schmale Ringe schneiden. Kichererbsen, Karotten, Frühlingszwiebeln und Hähnchenstücke in eine Couscousiere oder einen Topf mit Siebeinsatz geben. Mit Gemüsebrühe begießen, salzen, pfeffern, Safran zufügen, etwa 1/2 Stunde köcheln lassen. Inzwischen die Paprikaschote entkernen und in feine Streifen, die Zucchini in Würfel schneiden. Tomaten überbrühen, häuten und die Petersilie hacken. In den Topf zu dem Hähnchenfleisch geben. Das befeuchtete Couscous im Siebeinsatz in den Topf hängen und über dem Fleisch etwa 25 Minuten köcheln lassen. Dann Couscous in der Butter schwenken und auf einer großen ovalen Platte servieren. Fleisch und Gemüse darauf verteilen. Die Sauce mit Chilipfeffer und Paprikapulver abschmecken und über das Fleisch gießen oder getrennt in Schälchen reichen.

Couscous ist eines der großen Gerichte im ganzen Maghreb, in höchster Vollendung wird es jedoch in den alten Königsstädten Rabat, Fes, Meknes und Marrakesch serviert. Zu jedem marokkanischen Fest, jeder Diffa, gehört ein Couscous, der erst am Ende des Mahls aufgetragen wird, eine riesige Platte mit hoch aufgetürmtem, körnig-lockerem Grieß unter dem sich eine üppige Menge sanft gegarten Lamm- oder Hühnerfleischs verbirgt. Obenauf und ringsherum prunkt eine Dekoration aus farbig glänzendem Gemüse, darunter in Honig glasierte Zwiebeln und gekochte Kichererbsen, gekrönt von saftigen Rosinen.

Marrokanisches Geheimnis

HACKFLEISCH-NUDELN

1 große Zwiebel
1 TL schwarzer Pfeffer
1 TL edelsüßer Paprika
½ TL Ingwerpulver
½ TL Zimt
¼ TL Kardamom
¼ TL Kreuzkümmel
¼ TL Koriander
¼ TL Macis (Muskatblüte)
je 2 Messerspitzen Muskatnuss, Nelken und Cayennepfeffer
400 g Gehacktes vom Lamm
4 EL Olivenöl
Salz
400 g dünne Bandnudeln nach Grundrezept
2 Zweige Minze

Die Zwiebel schälen und hacken. Die Gewürze vermischen (außer Salz), zu dem Hackfleisch geben und gut verkneten. Das Olivenöl erhitzen, das Fleisch hineingeben, die Zwiebeln zufügen und alles gut anbraten. Zunächst ¼ Liter Wasser zugießen, salzen und köcheln lassen. Nach Bedarf Wasser zufügen und insgesamt ungefähr 40 bis 50 Minuten bei geringer Hitze köcheln lassen, nochmals abschmecken.
Die Nudeln in Salzwasser bissfest kochen, abgießen. Nudeln auf Tellern verteilen und Fleischsauce darüber geben.
Mit Minzeblättchen garnieren.

Was dieses Rezept so typisch marokkanisch macht, ist die Gewürzkombination, die hier verwendet wird. Sie entspricht nahezu der bekannten Gewürzmischung „ras el hanout". Übersetzt bedeutet das „Chef im Laden", was als Hinweis darauf verstanden werden darf, dass das genaue Rezept für die exklusive Mischung nur einer kennt, der Chef persönlich. Er kann dann auch je nach Bedürfnissen und Kaufkraft der Kunden das Mischungsverhältnis variieren. In manchen Mischungen finden sich sogar Aphrodisiaka oder Cannabis.

Melidzanes moussaka

AUBERGINENPFANNE

Für 6 Personen:

1,5 kg Auberginen
Salz
½ Tasse Olivenöl
750 g gemischtes Hackfleisch (Rind und Schwein)
2 Zwiebeln
40 g Schweineschmalz
1 Glas süßer Wermutwein
500 g Tomaten
Salz, schwarzer Pfeffer
1–2 TL Zucker
geriebene Muskatnuss
1 TL Oregano
3 EL gehackte Petersilie
½ Tasse Wasser
6 EL Semmelmehl
2 Eier
100 g Reibkäse (Emmentaler)

FÜR DIE SAUCE:
1 kleine Zwiebel
50 g Schinkenspeck
20 g Butter
20 g Mehl
⅛ Liter Fleischbrühe
⅛ Liter Milch
Pfeffer
Salz
geriebene Muskatnuss
Zitronensaft

Auberginen waschen, in 1 cm dicke Scheiben schneiden, salzen und 2 Stunden ziehen lassen, dann abtrocknen und in heißem Öl goldbraun braten, herausnehmen und gut abtropfen lassen. Hackfleisch und fein gehackte Zwiebeln in Schmalz anschmoren, Wein angießen. Tomaten überbrühen, abziehen und fein schneiden, mit Salz, Pfeffer, Zucker, Muskat, Oregano und Petersilie zum Hackfleisch geben, Wasser angießen und alles 40 bis 50 Minuten bei schwacher Hitze schmoren, dann Semmelmehl, verquirlte Eier und 20 g Käse dazugeben, abkühlen lassen. Boden einer ofenfesten Form mit Auberginenscheiben bedecken, Käse aufstreuen, die Hackfleischmischung darauf verteilen, restliche Auberginen darauf geben und restlichen Käse aufstreuen.

FÜR DIE SAUCE fein gewürfelte Zwiebel und Speck in Butter andünsten, Mehl darin anschwitzen, mit Brühe und Milch 8 Minuten durchkochen und mit den Gewürzen abschmecken. Sauce über die Auberginen gießen. Das Gericht 1 bis 1½ Stunden im Ofen backen.

Der ideale Begleiter für die deftigen Spezialitäten Griechenlands ist der leicht bittere Retsina. Diesem Weißwein wird bei der Gärung Pinienharz zugesetzt. Die Griechen folgen hierin einem uralten Brauch. Schon in der Antike wurde Wein durch Harz konserviert, damit er sich in den tönernen Amphoren lange hielt. Die alten Griechen waren es auch, die die Weinrebe in den Mittelmeerraum eingeführt und damit die europäische Weinkultur begründet haben.

Paella

REISPFANNE

Für 6 Personen

FÜR DIE BRÜHE:
1 Huhn (etwa 1–1,2 kg, mit Hühnerklein)
1 Karotte, 1 Stange Lauch
1 Stück Sellerieknolle
1 Lorbeerblatt, Thymian
Salz,
weißer Pfeffer

FÜR DIE PAELLA:
400 g Schweinefilet
300 g vorbereitete Tintenfische (Calamares)
3 Zwiebeln
3–4 Knoblauchzehen
1 rote Paprikaschote
1 grüne Paprikaschote
4 Tomaten
100 g grüne Bohnen
1–2 Selleriestangen
500 g Miesmuscheln
250 g Herz- oder Venusmuscheln
10 EL Olivenöl
Salz, schwarzer Pfeffer
1 TL Paprikapulver
500 g spanischer Mittelkornreis
⅛ Liter trockener Weißwein
1–1 ¼ Liter Hühnerbrühe
1 EL Tomatenmark
1 TL Safranpulver
100 g ausgepalte Erbsen
50 g gekochte Kichererbsen
350 g vorbereitete mittelgroße Garnelen in der Schale

FÜR DIE BRÜHE: Das Huhn zerlegen. Die Bruststücke von den Knochen lösen, die Keulen vom Rumpf abtrennen und halbieren. Aus der Karkasse des Huhns, dem Hühnerklein, dem klein geschnittenen Gemüse und den Gewürzen mit 1 ¼ Liter Wasser in 2 Stunden eine Brühe kochen.

FÜR DIE PAELLA: Das Schweinefilet in große Stücke und die Tintenfische in kleinere Stücke schneiden. Die Zwiebeln schälen und hacken und die geschälten Knoblauchzehen zerdrücken. Die Paprikaschoten putzen und in Stücke schneiden. Die Tomaten mit kochendem Wasser übergießen, häuten und klein schneiden. Die Bohnen putzen und in Stücke, die Selleriestangen in Ringe schneiden. Die Muscheln sehr gut reinigen. Das Olivenöl in einer Paella-Pfanne (ersatzweise eine einfache große Kasserolle) erhitzen. Die Hühnerstücke von allen Seiten etwa 8 bis 10 Minuten gut anbraten. Mit Salz, Pfeffer und Paprikapulver würzen. Schweinefleisch, Tintenfische und Zwiebeln dazugeben.
Dann Paprika, Tomaten, Bohnen, Sellerie, Knoblauch und Reis hinzufügen. Alles einige Minuten unter Rühren schmoren und mit Weißwein und Brühe ablöschen. Tomatenmark und Safran zugeben. Nach etwa 10 Minuten die Erbsen, Kichererbsen, Muscheln und die Garnelen hinzufügen. Wenn nötig, nochmals Brühe nachgießen. Mit Salz und Pfeffer abschmecken. Für etwa 15 bis 20 Minuten in den auf 180 bis 190 °C vorgeheizten Backofen stellen.

Paella, was sonst fällt einem als Erstes ein, wenn man an Spanien denkt. Das Nationalgericht, auf das die Spanier so stolz sind, ist jedoch längst nicht in allen Gegenden Spaniens identisch. Die lange Zutatenliste ist sehr variabel und lässt Spielraum für eigene Vorlieben. Mit einem Gläschen spanischem Wein ist Urlaubsstimmung garantiert.

PAPPARDELLE ALLE LEPRE

NUDELN MIT HASENRAGOUT

Für 6–8 Personen

1 Hase von etwa 2 kg Gewicht

FÜR DIE MARINADE:
2 Zwiebeln
2 Karotten
2 Selleriestangen
3 Zweige Thymian (oder getrocknet)
½ Bund Petersilie
3 Wacholderbeeren
6 schwarze Pfefferkörner
3 Lorbeerblätter
1 Liter Chianti
12 EL Olivenöl
Salz, Pfeffer

FÜR DIE NUDELN:
200 g Weizenmehl
200 g Hartweizengrieß
4 Eier, 1 Eigelb
Salz
eventuell noch
2 TL Olivenöl
1 EL Öl zum Kochen der Pappardelle

30 g Butter
15 g Mehl
¼ Liter süße Sahne
Salz
frisch gemahlener weißer Pfeffer
1 Hasenleber
20 g Butter zum Braten der Leber

Den Hasen am besten schon im Geschäft zerlegen lassen oder zu Hause den Hasen in Portionsstücke schneiden. Stücke einen Tag lang marinieren lassen.
FÜR DIE MARINADE: Die Zwiebeln hacken, Karotten und Selleriestangen waschen und in Scheiben schneiden. Ragoutstücke mit Gemüse, Thymian, Petersilie, Wacholderbeeren, Pfefferkörnern und Lorbeerblättern in eine Schüssel geben. Den Wein und die Hälfte des Ollvenöls darüber gießen. Am nächsten Tag die Marinade abgießen und beiseite stellen. Die Fleischstücke trockentupfen und in dem restlichen erhitzten Ollvenöl von allen Seiten gut anbraten, salzen und pfeffern. Die Marinade samt Gemüsestückchen angießen und etwa 1½ bis 1¼ Stunden schmoren lassen.

FÜR DIE NUDELN: Zwischenzeitlich aus den links angegebenen Zutaten einen Nudelteig herstellen. Nach dem Ruhen und Ausrollen die 2 cm breiten Pappardelle schneiden. Das Fleisch aus dem Topf nehmen, von den Knochen lösen und zerkleinern. Die Butter erhitzen, das Mehl in der Butter leicht durchdünsten, den Bratensaft nach und nach unter fortwährendem Rühren zugießen, dann die Sahne. Salzen, pfeffern und bei geringer Hitze 8 bis 10 Minuten köcheln lassen.
Die Leber in Scheiben schneiden, kurz in Butter braten und mit dem Fleisch in die Sauce geben, nochmals abschmecken. Die Pappardelle in Salzwasser mit 1 Esslöfel Öl bissfest kochen, abtropfen lassen und auf vorgewärmte Teller verteilen. Hasenragout mit Sauce darüber geben.

Die Pappardelle sind typisch toskanische Nudeln. Sie sind den Tagliatelle sehr ähnlich, nur sind sie etwas breiter und kürzer. Zu Gerichten wie diesem mit cremigen Saucen passen sie gerade wegen ihrer Breite so hervorragend. Auf der großen Oberfläche kann sich die Sauce gut verteilen und sorgt so für ein intensives Geschmackserlebnis. Wem es zu viel Aufwand ist, die Pappardelle selbst zu machen, der kann sie natürlich bereits fertig im Handel kaufen, wo sie als Nest angeboten wird.

Pasta Highlights aus Italien

SPAGHETTI AGLIO E OLIO UND SPAGHETTI CARBONARA

SPAGHETTI AGLIO E OLIO
6 Knoblauchzehen
1 kleine rote Pfefferschote
½ Bund glatte Petersilie
400 g Spaghetti
6 EL Olivenöl
Salz nach Belieben
frisch geriebener Parmesankäse oder Pecorino

SPAGHETTI CARBONARA
1 Zwiebel
125 g Pancetta (luftgetrockneter Bauchspeck)
400 g Spaghetti
Salz
30 g Butter
3 Eier
⅛ Liter süße Sahne
50 g frisch geriebener Parmesan
50 g frisch geriebener Pecorino
frisch gemahlener schwarzer Pfeffer

SPAGHETTI AGLIO E OLIO (oben) Die Knoblauchzehen sehr fein hacken. Die Pfefferschote fein würfeln und die Petersilie hacken. Spaghetti in reichlich Salzwasser bissfest kochen. Währenddessen das Olivenöl in einer Pfanne erhitzen. Knoblauch hineingeben, salzen, dann die Pfefferschote zufügen. Unter ständigem Rühren den Knoblauch leicht gelb werden lassen. Die Petersilie zugeben. Spaghetti abgießen und zusammen mit dem Knoblauchöl in eine vorgewärmte Schüssel geben und mischen. Sofort servieren. Nach Belieben mit Parmesan oder Pecorino bestreuen.

SPAGHETTI CARBONARA (unten) Die Zwiebel hacken und den Bauchspeck in sehr kleine Würfel schneiden. Eine Terrine vorwärmen. Die Spaghetti in kochendes Salzwasser geben und bissfest kochen. Währenddessen die Butter erhitzen, die Zwiebel und den Bauchspeck darin braten. Eier, Sahne, Parmesan und Pecorino sowie Pfeffer in der vorgewärmten Terrine verrühren und die Spaghetti nach dem Abgießen sofort in die Terrine geben. Speck und Zwiebel zufügen, mischen, mit Pfeffer bestreuen und servieren.

Zwei sehr einfache, aber deshalb um nichts weniger beliebte Möglichkeiten Spaghetti, den italienischen Exportschlager Nummer 1, zuzubereiten. Die langen, dünnen Nudeln scheinen so vielseitig zu sein, dass sie einfach in jeder Variation zum Lieblingsessen werden. Nach dem Genuss von solch stark von Knoblauch geprägten Gerichten kann ein Gegenüber schon einmal Abneigung empfinden. Sie können dem auf verschiedene Art entgegenwirken: Im Orient kaut man zu diesem Zweck nach dem Genuss von Knoblauch einige von ihren Kapseln befreite Kardamomsamen. Oder Sie laden einfach zum gemeinsamen Kochen und Essen von Spaghetti aglio e olio ein – wetten, dass das verbindet!

Pasta Toskana

TOSKANISCHE NUDELVARIATIONEN

NUDELN TOSKANISCH
15 g getrocknete Steinpilze
150 g magerer Schinkenspeck
200 g Zuckerschoten
2 Karotten
1–2 Kohlrabi
1 kleine junge Sellerieknolle mit Grün
2 Zucchini
½ Bund glatte Petersilie
400 g Pappardelle
Salz
40 g Butter
frisch gemahlener Pfeffer
125–250 g Crème fraîche

NUDELN MIT GEMÜSE
300 g Karotten
500 g Zucchini
1 Bund Basilikum
50 g Butter
40 ml Marsala
Salz
frisch gemahlener schwarzer Pfeffer
300 g dünne Bandnudeln (z. B. Taglierini)

NUDELN TOSKANISCH (oben)
Die Steinpilze in ein Töpfchen geben, mit ¼ Liter kochendem Wasser übergießen und 1 bis 2 Minuten köcheln lassen. Beiseite stellen zum Nachquellen. Den Schinkenspeck würfeln. Die Zuckerschoten putzen und, falls nötig, einmal schräg durchschneiden. Karotten, Kohlrabi und Sellerie waschen, putzen und in schmale Stifte schneiden, Zucchini würfeln. Selleriegrün und Petersilie hacken.
Die Nudeln in reichlich Salzwasser in etwa 8 bis 10 Minuten bissfest kochen. Währenddessen den Schinkenspeck mit der Butter zusammen in eine genügend große Pfanne geben und erhitzen. Das Gemüse (außer den Zucchini) zugeben und einige Minuten andünsten. Die Steinpilze samt Brühe zufügen, salzen, pfeffern und etwa 10 bis 15 Minuten köcheln lassen.
Nach 5 Minuten die Zucchini hineingeben. Das Gemüse sollte noch bissfest sein.
Mit Crème fraîche verfeinern, mit den Nudeln mischen und in einer großen Form oder Schüssel auftragen.

NUDELN MIT GEMÜSE (unten)
Die Karotten schaben, längs in dünne Scheiben, dann in dünne Streifen schneiden. Eventuell nochmals auf 4–5 cm Länge durchschneiden. Die Zucchini waschen und ungeschält ebenfalls in Stifte schneiden. Basilikumblättchen von den Stielen zupfen und hacken. Butter in einem Topf zerlaufen lassen. Karotten darin andünsten. Nach 4 Minuten die Zucchini zufügen, kurz andünsten und mit Marsala ablöschen. Salzen, pfeffern und zugedeckt in etwa 3–5 Minuten fertig garen. Das Gemüse sollte noch bissfest sein. Basilikum zufügen und warm halten. Die Nudeln in reichlich Salzwasser in etwa 6–7 Minuten bissfest kochen und abgießen. Nudeln entweder mit dem Gemüse vermischen oder das Gemüse über die Nudeln geben. Besonders im Sommer ein schmackhaftes vegetarisches Essen.

Pasta Zucchetti

GEFÜLLTE ZUCCHINI

2 große oder 4 kleine Zucchini
1 rote Zwiebel
2 Knoblauchzehen
2 Frühlingszwiebeln
1 Bund Basilikum
1 Karotte
4 EL Olivenöl
Salz
frisch gemahlener weißer Pfeffer
80–100 g Greyerzer
3 Eier
150 g kleine Hörnchennudeln
1 EL Butter für die Form

Die Zucchini längs halbieren, in etwa 7–10 Minuten, je nach Größe, halbgar kochen. Inzwischen die Zwiebel hacken, Knoblauchzehen zerdrücken und die Frühlingszwiebeln in Ringe schneiden. Die Basilikumblättchen feinstreifig schneiden (etwas für die Garnitur zurückbehalten) und die geputzte Karotte raspeln. Olivenöl in einer Pfanne oder einem Topf erhitzen. Das Gemüse hineingeben und einige Minuten unter Rühren dünsten lassen, dann Knoblauch und Basilikum dazugeben, salzen, pfeffern und noch weitere 2 Minuten dünsten. Die Zucchini aushöhlen und das Fruchtfleisch zur Gemüsemasse geben. Die Masse etwas abkühlen lassen. Den Käse reiben und ⅔ davon mit den aufgeschlagenen Eiern zu der Gemüsemischung geben. Die Nudeln in wenigen Minuten in Salzwasser bissfest kochen, abtropfen lassen und hinzugeben. Die Masse mit Salz und Pfeffer abschmecken und in die gesalzenen Zucchinihälften füllen. Den restlichen Käse darüber streuen.
Eine Auflaufform einfetten und die Zucchini hineinlegen.
Etwa 8–15 Minuten in dem auf 200–210 °C vorgeheizten Ofen backen. Mit Basilikumblättchen garniert servieren.

„Zucchetti", kleiner Kürbis, nennen die Italiener die Zucchini liebevoll. Zucchini werden – wenn man sie nicht zuvor erntet – armlang und dick wie Kürbisse. Ihr Geschmack wird dann allerdings fade und das Fruchtfleisch pelzig. Am schmackhaftesten sind Zucchini im jungen Zustand von 10 bis 20 cm Länge. Kleine, junge Früchte können sogar bis auf den Stielansatz verwendet werden. Die ganz jungen „Baby"-Zucchini werden im Sommer mit ihren Blüten angeboten – ein hübscher Farbtupfer für Salate und die sind sogar mehr als nur genießbar.

Pizze La Verdura

GEMÜSEPIZZA

300 g Brokkoli
200 g Stangenbohnen
200 g Zucchini
1 Tasse TK-Erbsen
Jodsalz
Muskatnuss

FÜR DEN TEIG:
100 g Weizensprossen
250 g Weizenmehl
Type 1050
30 g frische Hefe
1 TL Zucker
etwa 100 ml lauwarme
Buttermilch
2 EL Walnussöl
½ TL getrockneter
Oregano oder Rosmarin
6 klein gehackte
Walnusskerne

750 g Tomaten
2 Zwiebeln
2 Knoblauchzehen
Pfeffer aus der Mühle
750 g Knoblauch-Crème
fraîche
200 g Büffelmozzarella
20 g ungesalzene Pistazien
12 kleine Salbeiblätter
2 EL kaltgepresstes
Olivenöl

Den Brokkoli in kleine Röschen teilen und waschen. Die Bohnen putzen, waschen und klein schneiden. Die Zucchini putzen, waschen und in daumendicke Stifte schneiden. Das klein geschnittene Gemüse und die Erbsen in Salzwasser mit etwas frisch geriebener Muskatnuss 5 Minuten garen und abschütten. Für den Teig die Weizensprossen abbrausen und fein hacken, mit dem Mehl mischen. Mit einem Löffel eine Mulde in die Mischung drücken und die Hefe hineinbröckeln. Den Zucker und etwas lauwarmes Wasser hinzu-fügen. Die Hefe mit ein wenig Mehl vom Rand glatt rühren. Die Schüssel abdecken und für 10 Minuten beiseite stellen. Dann etwas lauwarme Buttermilch, das Öl, Salz, die Kräuter und die klein gehackten Nüsse hinzufügen und alles zu einem glatten Teig verkneten, eventuell noch etwas Buttermilch dazugießen. Den Backofen auf 200 °C (Gas Stufe 3, Umluft 180 °C) vorheizen. Ein Backblech mit Backpapier auslegen. Den Teig darauf zu einem dünnen Fladen ausrollen und etwa 15 Minuten ruhen lassen. Die Tomaten waschen, den Stielansatz entfernen, entkernen und das Fruchtfleisch klein würfeln.
Die Zwiebeln und den Knoblauch abziehen und fein hacken. Mit den Tomaten mischen und mit Salz und Pfeffer würzen. Den Pizzaboden mit Crème fraiche bestreichen, das Gemüse in einem anmutigen Muster darüber legen, die Tomaten in die Zwischenräume füllen. Die Pizza mit dem grob gewürfelten Mozzarella, Pistazien und Salbeiblättern bestreuen und zum Schluss mit dem Öl beträufeln. Auf dem Backofenboden 30 bis 35 Minuten backen.

Schon sehr früh wurden in Italien gebackene Teigfladen mit den verschiedensten Nahrungsmitteln belegt. Allerdings waren es nicht die Italiener selbst, sondern die Italien erobernden Griechen, die erstmals auf die Idee kamen, den rohen Teig noch vor dem Backen mit verschiedenem Belag zu versehen. Verständlicherweise hören es die Italiener gar nicht gerne, dass die Griechen einen solch großen Beitrag zur Entstehung des heute in aller Welt beliebten Gerichtes geleistet haben.

Queso-Mahón-Lachs

LACHS MIT KÄSEKRUSTE

300 g fest kochende Kartoffeln
½ Zitrone
4 Scheiben Lachs (à etwa 180 g)
Salz
frisch gemahlener Pfeffer
½ Bund glatte Petersilie
150 g Mahón-Menorca

FÜR DIE SAUCE:
2 Schalotten
1 Knoblauchzehe
6 EL kalte Butter
100 ml Weißwein
¼ Liter Fischfond
100 ml süße Sahne
Salz
frisch gemahlener Pfeffer

AUSSERDEM:
2 EL Öl zum Braten

Die Kartoffeln waschen und mit der Schale in wenig Wasser in etwa 25 Minuten gar kochen. Den Saft der Zitrone ausdrücken. Die Lachsfilets unter fließendem kaltem Wasser abspülen, trockentupfen, mit Zitronensaft beträufeln, salzen und pfeffern. Petersilie abbrausen und fein hacken. Den Mahón-Menorca grob raspeln. Den Backofen auf 250 °C (Umluft 230 °C, Gas Stufe 6) vorheizen. Kartoffeln abgießen, pellen, leicht abkühlen lassen und grob raspeln. Mit der Petersilie und dem Käse mischen. Für die Sauce Schalotten und Knoblauch schälen und fein hacken. 1 Esslöffel Butter erhitzen und Schalotten und Knoblauch darin anschwitzen. Mit Wein ablöschen und um die Hälfte einkochen lassen. Fond und Sahne einrühren, 10 Minuten leise kochen lassen, salzen und pfeffern. Das Öl erhitzen und die Lachsfilets darin von beiden Seiten anbraten. Die Lachsfilets in eine Gratinform legen. Die Kartoffel-Käse-Mischung gleichmäßig auf dem Fisch verteilen. Die Form in den Backofen stellen und den Fisch 10 Minuten gratinieren. Die restliche kalte Butter in kleinen Portionen nach und nach unter die Sauce rühren und diese zum Fisch servieren.

Dazu passt ein trockener Weißwein, etwa ein Albariño aus der D.O. Rías Baixas.

Weil er jedem Gericht, dem man ihn beimengt, einen unglaublichen Hauch von Urlaub verleiht, ist der Queso-Mahón auch als Mitbringsel bei Menorca-Urlaubern sehr beliebt. Benannt wurde der rechteckige geruchsarme Käse, der auf ganz Menorca hergestellt wird, kurzerhand nach dem Abfahrtshafen in Mahón, von wo aus der Käse im 15. Jh. von einer italienischen Handelsgesellschaft abtransportiert und auf ganz Mallorca verkauft wurde. Zuvor wurde der Queso-Mahón unter Herrschaft der Mauren an afrikanischen Küsten verkauft. Seit 1985 ist die Marke Queso-Mahón geschützt, nur Käse aus Milch von menorquinischen Kühen darf sich so nennen.

Ravioli di magro

SPINAT-RICOTTA-RAVIOLI

Für den Nudelteig:
400 g Weizenmehl Type 405
1 gestrichener TL Salz
4 Eier
1 EL natives Olivenöl extra

FÜR DIE FÜLLUNG:
200 g junger Spinat
30 g Butter, Salz
frisch gemahlener Pfeffer
250 g frische Ricotta
frisch geriebene Muskatnuss

AUSSERDEM:
2 EL Olivenöl
120 g Butter
8 Salbeiblätter

Das Mehl in eine Schüssel sieben und mit dem Salz vermengen. In die Mitte eine Mulde drücken, Eier und Öl zufügen und alles zu einem festen und geschmeidigen Teig verkneten. Bis zum Ausrollen in Klarsichtfolie wickeln.

FÜR DIE FÜLLUNG den Spinat waschen und mit dem anhaftenden Wasser erhitzen, bis er in sich zusammenfällt. Mit Butter verfeinern, durchschwenken, salzen und pfeffern. Den Spinat leicht abkühlen lassen, gut ausdrücken und fein hacken. Mit der Ricotta vermengen, mit Muskatnuss, Salz und Pfeffer würzen. Den Teig in einer Nudelmaschine auswalzen und über ein bemehltes Raviolibrett legen. Die Spinat-Ricotta-Masse mit einem Teelöffel aufsetzen. Die Teigbahn mit wenig Wasser rings um die Füllungen befeuchten, eine zweite Teigplatte darüber legen und leicht andrücken. Die gefüllten Teigplatten auf die Arbeitsfläche stürzen und mit einem Teigrädchen Quadrate ausradeln. Salzwasser mit etwas Olivenöl aufkochen, die Ravioli einlegen, die Hitze reduzieren und die Ravioli in wenigen Minuten gar ziehen lassen. Herausheben und abtropfen lassen. Die Butter zerlassen, die Salbeiblätter einlegen und ein paar Minuten warm halten, damit sie ihr Aroma abgeben können. Die Salbeibutter über die Ravioli verteilen.

Der Name dieser herrlichen Nudelvariation stammt von dem Genueser Dialektwort „rabioli". Übersetzt bedeutet das „Reste". Kaum zu glauben, dass ein auf der ganzen Welt so beliebtes Gericht früher lediglich dazu diente die Reste, die die italienische Hausfrau noch übrig hatte, in eine ansehnliche Mahlzeit zu verwandeln. Not macht eben erfinderisch. So kommt es auch, dass man Ravioli mit den verschiedensten und abwechslungsreichsten Füllungen zubereitet. Von den eher einfacheren Varianten, wie dieser hier, bis zu den aufwendigen Ravioli alla genovese, gefüllt mit Kalbfleisch, Schweinebrust, Kalbshirn und -bries, Ei, Brotkrumen, Parmesan, Mangold und verschiedenen Kräutern und Gewürzen, sind alle möglichen Füllungen erlaubt.

Risotto Duca D'Aosta

KÄSERISOTTO

Reis und geriebener Parmesan sind die Grundlagen dieses Risottos. Ursprünglich stammt diese Spezialität aus Norditalien, wird mittlerweile aber in vielfältigen Variationen im ganzen Land gerne gegessen. Der Reis dafür stammt aber trotzdem meist aus Norditalien, denn dort befindet sich das größte Reisanbaugebiet Europas. Hier liegt auch die Stadt Parma, die dem Würzkäse Parmesan seinen Namen gab. Norditalienischer könnte man also kaum speisen.

300 g Lauch
2 milde grüne Chilischoten
½ milde rote Chilischote
3 EL Olivenöl

2 EL Butter
300 g Risottoreis (Arborio oder Vialone)
knapp ¼ Liter Weißwein
Salz
frisch gemahlener weißer Pfeffer
etwa ¾ Liter Hühnerbrühe
1 EL Trüffelöl
oder 1 EL Trüffelbutter
60–80 g geriebener Parmesan

Den Lauch der Länge nach aufschneiden, säubern und in sehr schmale Ringe schneiden. Die Chilischoten putzen und fein würfeln. Das Olivenöl erhitzen, die Butter zufügen, die Chillschoten hineingeben und den Lauch darin andünsten. Den Reis dazugeben und glasig schwitzen. Mit Wein ablöschen, salzen, pfeffern und unter häufigem Rühren nach und nach die Brühe hinzufügen. Etwa 25 Minuten köcheln lassen, je nach Reissorte etwas kürzer oder länger, der Risotto sollte eine breiige Konsistenz haben. Zum Schluss 1 Esslöffel Trüffelöl oder Trüffelbutter unterrühren. Mit geriebenem Parmesan servieren.

RÖMERMAKRELE

MAKRELE IN WEINBLÄTTERN

4 küchenfertige Makrelen, je 350–400 g
Salz
grob gemahlener Pfeffer
4 Rosmarinzweige
4 Lorbeerblätter
8 Scheiben von 1 unbehandelten Zitrone
100 g eingelegte Weinblätter (gibt es lose oder im Glas)

AUSSERDEM:
Küchengarn zum Binden

Die Makrelen abspülen, trockentupfen, an jeder Seite 2 Schnitte anbringen und mit etwas Salz und Pfeffer innen und außen einreiben. Je 1 Rosmarinzweig und 1 Lorbeerblatt in die Bauchöffnungen legen. Die Zitronenscheiben halbieren, in jeden Einschnitt 1 halbe Scheibe stecken. Die Weinblätter kalt abspülen und abtropfen lassen. Je ein Viertel der Blätter überlappend nebeneinander legen, 1 Makrele darauf betten, in die Blätter einwickeln und mit Küchengarn so zusammenbinden, dass sich die Blätter nicht lösen können. Die Makrelen auf dem Holzkohlen- oder unter dem Elektrogrill (oder auch im Backofen bei 220 °C) von jeder Seite 6–7 Minuten braten. Dabei zwischen Rost und Glut bzw. Grillstäben einen Abstand von etwa 25 cm lassen, damit die Blätter nicht verkohlen. Die fertigen Makrelen auf ein großes Brett legen, die Bindfäden lösen und die Fische in den Weinblättern servieren.

SAUCE VINAIGRETTE: aus 100 ml Olivenöl, 4–5 EL Zitronensaft, Salz, Pfeffer, 1 Prise Zucker und reichlich gehackten, gemischten Kräutern wie Petersilie, Dill, Basilikum, Zitronenmelisse und Thymian.

BEILAGE: Fladenbrot, leicht mit Olivenöl und Thymian eingerieben und kurz auf dem Grill aufgebacken.
GETRÄNK: ein trockener Weiß- oder Rotwein.

Das fette Fleisch der Makrele ist nicht nur schmackhaft, sondern auch sehr gesund. Es ist besonders reich an Omega-3-Fettsäuren, die bekanntlich Herz-Kreislauf-Erkrankungen entgegenwirken und diese sogar verhindern können. Obwohl sie von dieser Wirkung des Makrelenfleisches noch nichts wussten, schätzten bereits die alten Römer die Makrele als Speisefisch. Zur Makrele aß man damals bevorzugt eine Kräutersauce aus Liebstöckel, frischer Rauke, Zwiebeln, Honig, Essig und „Liquamen", einer speziellen Fischsauce. Dieses Rezept hat sich offensichtlich bei der Verwendung der Kräuter von den alten Römern inspirieren lassen.

SAMAK BI TAHINA

LIBANESISCHER ZACKENBARSCH

FÜR DEN FISCH:
1 kleiner küchenfertiger Zackenbarsch von etwa 1,6 kg
Saft von 1 Zitrone
4 EL kaltgepresstes Olivenöl
Salz, Pfeffer aus der Mühle

FÜR DIE SAUCE:
125 g Tahin (Sesampaste aus dem Glas, bekommt man im türkischen Lebensmittelladen)
4 EL Zitronensaft
1 TL Weißweinessig
3 EL Vollmilch-Joghurt
½ TL gemahlener Kreuzkümmel
Salz
Pfeffer aus der Mühle
2 Knoblauchzehen
4 Scheiben von 1 unbehandelten Zitrone
4 EL Granatapfelkerne
2 Stängel glatte Petersilie

AUSSERDEM:
Alufolie

FÜR DEN FISCH: Den Barsch innen und außen kalt abspülen und trockentupfen, an den fleischigen Stellen der beiden Seiten mit einem scharfen Messer 2- bis 3-mal leicht einschneiden. Zitronensaft und Olivenöl verquirlen, innen und außen damit einreiben, mit Salz und Pfeffer bestreuen. Den Fisch in ein mit Alufolie ausgelegtes tiefes Backblech geben, die abgetropfte Zitronensaft-Öl-Marinade darüber träufeln. Im 175 °C heißen Ofen auf der mittleren Schiene 30–35 Minuten backen, bis sich das Fleisch leicht von den Gräten lösen lässt. Den Fisch aber noch nicht entgräten! Aus dem Ofen nehmen, mit der Alufolie bedeckt 30 Minuten abkühlen lassen.

FÜR DIE SAUCE: Sesampaste, Zitronensaft, Essig, Joghurt und 50 ml Wasser glatt rühren. Mit Kreuzkümmel, Salz und Pfeffer pikant abschmecken. Knoblauch schälen, durchpressen und unterziehen. Die Sauce für 15 Minuten kalt stellen.
Den Fisch auf eine Servierplatte legen, vorsichtig die Haut zusammen mit den Flossen und Rückengräten entfernen. Sesamsauce darüber gießen, mit Zitronenscheiben, Granatapfelkernen und Petersilienblättchen garnieren. Noch 15 Minuten kühl stellen, dann servieren.

Der Zackenbarsch ist der Verwandlungskünstler unter den Fischen. Blitzschnell kann er die Farbe wechseln um Beute anzulocken oder Feinde zu verwirren. Je nachdem wo er sich gerade befindet, lässt er blaue, gelbe, weiße oder dunkle Punkte, Flecken oder sogar Streifen auf seiner Haut erscheinen und wieder verschwinden. Doch das Chamäleon des Meeres besitzt auch als Speisefisch seine Vorzüge. Zu dieser Zubereitungsweise passt als Beilage am besten frisch aufgebackenes Fladenbrot und ein Salat aus Gurken und Tomaten. Als Getränk reicht man im Libanon zu diesem Gericht am liebsten Arrak mit Eiswasser.

Süsse Frucht-komposition

Zwetschgen-Mirabellen-Auflauf

1 große Birne
250 g Zwetschgen
250 g Mirabellen
Butter für die Form
2 Zwiebacke
50 g Butter
80 g Zucker
60 g Roggenvollkornschrot
100 ml süße Sahne
100 g Crème fraîche
50 g gemahlene Walnüsse
2 EL Mandelblättchen
Butterflöckchen zum Bestreuen
Puderzucker zum Überstäuben

Die Birne halbieren, schälen, entkernen und in schmale Spalten schneiden. Die Zwetschgen und Mirabellen waschen, trockenreiben und entsteinen. Eine ovale oder runde Auflaufform gut mit Butter einfetten. Die Zwiebacke grob reiben und in die Form streuen, die Früchte in einem anmutigen Muster hineinlegen. Den Backofen auf 200 °C (Gas Stufe 3, Umluft 180 °C) vorheizen. Die Butter mit dem Zucker in einem Topf schmelzen, den Schrot einrühren und kurz rösten. Den Topf vom Herd ziehen und die Sahne, die Crème fraîche sowie die gemahlenen Walnüsse einrühren und alles über die Früchte verteilen. Mandelblättchen und Butterflöckchen darüber streuen und auf der mittleren Schiene 15 bis 20 Minuten überbacken. Vor dem Anrichten mit etwas Puderzucker überstäuben.

Reichen Sie zu diesem heißen Fruchtauflauf eine kalte Vanillesauce.

150 v. Chr. kam die Pflaume von Kleinasien nach Italien, von wo aus sie sich nach und nach in ganz Europa ausbreitete. In Deutschland wurde die Pflaume erstmals 1560 erwähnt. Heute kommt sie in mehr als 2.000 Sorten vor. Eine davon ist die eiförmige Zwetschge, die sich durch eine ausgeprägte Seitennaht von der normalen Pflaume unterscheidet. Die Pflaume ist nicht gerade eine Bombe, was einzelne Vitamine angeht, aber in der Mischung von wichtigen Vitaminen hält sie einige Rekorde. Außer den Vitaminen A, C und Biotin enthält diese Steinfrucht sämtliche B-Vitamine. Pflaumen sind der beste Stimulator für den Kohlenhydratstoffwechsel, für gute Nerven, mentale Frische, Antriebs- und Leistungskraft und Stressfähigkeit. Außerdem regen sie die Nieren- und Darmtätigkeit an.

Taratorlu Midye Tavasi

GEBRATENE MUSCHELN

FÜR DIE WALNUSSSAUCE:
100 g gemahlene Walnüsse
2 Scheiben Toastbrot
Saft von 1 Zitrone
4 EL Sonnenblumenöl
1 Knoblauchzehe
Salz

FÜR DIE MUSCHELN:
1 kg Miesmuscheln
Salz
1 TL schwarze Pfefferkörner
1 Lorbeerblatt
6 EL Mehl
1 EL Speisestärke
1 Eigelb
etwa 1/8 Liter helles Bier
Sonnenblumenöl zum Ausbacken

Tipp:
Wer keine frischen Miesmuscheln bekommt, kann auf tiefgekühlte zurückgreifen. Es gibt sie vorgegart im Paket. Vor Verwendung spült man die Muscheln in einem Sieb mit lauwarmem Wasser ab und trocknet sie zwischen Lagen von Küchenpapier.

FÜR DIE WALNUSSSAUCE: Die Walnüsse in eine Schüssel geben. Vom Toastbrot dünn die Rinde abschneiden. Brot in wenig Wasser einweichen, ausdrücken und mit Zitronensaft und dem Öl unter die Nüsse mischen, so dass eine geschmeidige Paste entsteht. Den Knoblauch schälen, durch die Knoblauchpresse zur Nusspaste pressen und gründlich untermischen. Langsam so viel kaltes Wasser unterrühren, bis eine dickflüssige Sauce entstanden ist. Diese mit Salz abschmecken und zugedeckt beiseite stellen.

FÜR DIE MUSCHELN: Die Miesmuscheln unter fließendem kaltem Wasser gründlich abbürsten, bereits geöffnete Muscheln wegwerfen. Von den Muscheln mit einer Küchenschere die Fäden, die Bärte, abschneiden. In einem großen Topf 1/4 Liter Wasser mit 1/2 Teelöffel Salz, Pfefferkörnern und dem Lorbeerblatt aufkochen. Die Muscheln hineinschütten und zugedeckt 8 Minuten kräftig kochen, zwischendurch den Topf einmal schütteln. Muscheln, die geschlossen bleiben, ebenfalls wegwerfen. Das Muschelfleisch aus den Schalen nehmen und auf Küchenpapier abtropfen lassen. 3 Esslöffel Mehl in einen tiefen Teller sieben. Das übrige Mehl mit der Speisestärke in ein Schüsselchen sieben. Mit dem Eigelb, einem Schuss Bier und 1 1/2 Teelöffel Salz zu einem dünnflüssigen Teig verrühren. In einen Frittiertopf 5 bis 6 cm hoch Öl füllen und auf 180 °C (bis ein hineingetauchtes Holzstäbchen Bläschen wirft) erhitzen. Die Muscheln in Mehl wenden. Überschüssiges Mehl abschütteln. Je 5 bis 6 Muscheln auf ein Holzspießchen stecken, durch den Teig ziehen und im heißen Öl schwimmend hellbraun ausbacken. Die Muscheln auf Küchenpapier entfetten, auf eine kleine Platte legen, mit der Walnusssauce servieren.

Wer diese raffinierte Spezialität einmal im Original probieren möchte, der wird in Istanbul fündig: entweder auf dem großen Fischmarkt, wo sie in großen Kupferkesseln ausgebacken werden. Oder in dem einstigen Fischerdorf Kanlica auf der asiatischen Seite, einem beliebten Wohnbezirk wohlhabender Istanbuler. Entlang der Küstenstraße zwischen den Vororten Istanbuls reihen sich Tavernen, Fischlokale und elegante Restaurants aneinander.

Tschol Memula

GEFÜLLTE MILZ

1 Rindermilz
3 Scheiben Weißbrot
1/8 Liter Milch
2 Zwiebeln
3 Eigelb
1 Esslöffel fein gehackte Petersilie
Salz
Pfeffer
Muskatnuss
1 TL Zitronensaft
etwas abgeriebene Zitronenschale

FÜR DIE BRÜHE:
200 g Suppengrün
2 Zwiebeln
Pfefferkörner
Salz
60 g Butter

Die Milz gut waschen, an einer Seite bis zur Mitte hin mit einem scharfen Messer taschenförmig aufschneiden und das Milzfleisch herauslösen. Weißbrot in Milch weichen, gut ausdrücken und mit dem Milzfleisch, den fein gehackten Zwiebeln, mit Eigelb und allen Gewürzen zu einer glatten Masse verarbeiten. Zum Schluss mit Zitronensaft abschmecken und etwas abgeriebene Zitronenschale einarbeiten. Die Masse in die Milz füllen, die Tasche mit Küchengarn sehr vorsichtig zunähen und in eine Serviette einschlagen.
Aus Suppengrün, Gewürzen und Wasser eine Brühe kochen, die in die Serviette eingeschlagene Milz in die Brühe geben und etwa eine Stunde lang kochen.
Anschließend lässt man die Milz in der Brühe erkalten.
Nach dem Erkalten in Scheiben schneiden, kurz in Butter braten und zu Bratkartoffeln servieren.

Rindermilz findet in der Küche eigentlich eher selten Verwendung. Wird sie einmal einem Gericht beigefügt, wird sie meist ausgestreift, passiert und hauptsächlich als Suppeneinlage verwendet. Die Köche Israels scheinen bei der Verwendung von Milz etwas phantasievoller zu sein. Diese israelische Spezialität zumindest eröffnet eine ganz neue Möglichkeit Milz zuzubereiten.

Versteckte Taube

MAROKKANISCHE TAUBENPASTETE

4 Tauben
Salz
Pfeffer aus der Mühle
110 g Butter
4 EL Olivenöl
200 g Zwiebeln
1 Knoblauchzehe
8 Pfefferminzblätter
150 g Hühnerleber
1 TL geriebener Ingwer
1 EL Cayennepfeffer
1 TL Kreuzkümmelpulver
½ TL Kardamompulver
2 Döschen Safranfäden
½ TL Kurkumapulver
1 TL Zimtpulver
400 ml Geflügelfond
5 Eier
3 Eigelb

4 EL Puderzucker
200 g gehackte Mandeln
Öl zum Einfetten der Pfanne
100 g flüssige Butter
500 g dünner Filoteig oder Strudelteig
Puderzucker und
2 EL Zimtzucker zum Bestreuen
16 ganze geschälte Mandeln

Die Tauben innen und außen waschen, trockentupfen und mit Salz und Pfeffer einreiben.
60 g Butter und das Öl in einem Bräter erhitzen und die Tauben darin rundherum anbraten.
Dann auf einen Teller legen.
Zwiebeln und Knoblauch abziehen und fein hacken. Die Pfefferminzblätter in Streifen schneiden, die Leber putzen. Zwiebel, Knoblauch und Leber im heißen Bratfett unter Rühren 3 Minuten schmoren. Die Leber herausnehmen und würfeln. Die Zwiebeln mit Ingwer, den Pfefferminzblättern und allen Gewürzen verrühren. Den Geflügelfond angießen und zum Kochen bringen. Die Tauben mit dem Fleischsaft dazugeben und abgedeckt 30 Minuten garen. Die Tauben zum Abkühlen beiseite legen. Die Sauce entfetten und auf 350 ml reduzieren, mit Salz, Kreuzkümmel und Cayennepfeffer abschmecken.
Leber, Eier und Eigelbe in die heiße Sauce rühren. Die Tauben von Haut und Knochen befreien, das Fleisch in schmale Streifen schneiden. Sauce und Fleisch vermengen.
Den Puderzucker in einer Pfanne hell karamellisieren, die gehackten Mandeln einrühren und 50 g Butter dazugeben.
So lange erhitzen, bis sich der Karamell aufgelöst hat.
Eine Pfanne (Durchmesser etwa 28 bis 30 cm) mit einer Mischung aus Öl und Butter einfetten. Die Hälfte der Teigplatten sternförmig hineinlegen und dabei jede einzelne mit flüssiger Butter bestreichen. Darüber werden etwa zwei Drittel der Mandelmasse, die Fleischmischung und die restliche Mandelmasse gestrichen. Mit flüssiger Butter beträufeln und mit den restlichen Teigplatten abdecken. Die einzelnen Teigplatten wieder mit Butter bestreichen, die überstehenden Ecken einschlagen. Mit der restlichen Butter bestreichen.
Die Pastete auf dem Herd auf jeder Seite 3 Minuten backen und auf eine Platte stürzen. Mit Puderzucker überstäuben, mit Zimtzucker ein anmutiges Muster streuen und die Pastete mit den ganzen Mandeln garnieren.

Frankreich

Zucchini-Tarte

ZUCCHINI-KUCHEN

FÜR DEN MÜRBTEIG:
250 g Mehl
1 Eigelb
125 g kalte Butter
Salz

FÜR DEN BELAG:
1,2 kg Zucchini
50 g Butter
2 EL frisch gehackte Kräuter (Rosmarin Thymian, Petersilie)
200 g frisch geriebener Comté
2 Eier
200 ml süße Sahne
Salz
frisch gemahlener Pfeffer
frisch geriebene Muskatnuss

AUSSERDEM:
Backpapier und Hülsenfrüchte zum Vorbacken

Das Mehl sieben. Mit dem Eigelb, der Butter in Stücken, 50 ml kaltem Wasser und wenig Salz schnell vermischen und mit kalten Händen verkneten. Teig in Folie wickeln und 1 Stunde kühl stellen.

FÜR DEN BELAG Zucchini waschen, putzen, längs halbieren, nach Bedarf entkernen und in 1 cm breite Stücke schneiden. Die Butter zerlassen, Zucchini und Kräuter zufügen, salzen und pfeffern. Die Zucchini zugedeckt bei mittlerer Hitze weich garen, ohne dass sie Farbe annehmen. Zum Schluss die Flüssigkeit verdampfen lassen. Auf einer Platte auskühlen lassen.
Die Hälfte des Comtés unterheben. Backofen auf 220 °C vorheizen, eine Tarteform von 30 Zentimeter Durchmesser einfetten. Teig ausrollen und in die Form legen. Den Boden einstechen. Backpapier und Hülsenfrüchte einlegen und den Boden 10 Minuten vorbacken. Hülsenfrüchte und Backpapier entfernen und den Boden weitere 5 Minuten backen. Die Zucchinistücke von außen beginnend kranzförmig auflegen. Restlichen Comté aufstreuen. Eier und Sahne verquirlen, würzen und darüber gießen. Tarte bei 200 °C in 20 bis 25 Minuten goldgelb backen. Warm servieren.

Dieser herzhafte Zucchini-Kuchen ist wie geschaffen für einen Abend in südländischer Stimmung. Die Mischung aus Zucchini und aromatischem Comté lässt in Verbindung mit einem schönen Glas Chardonnay die eine oder andere Urlaubserinnerung erwachen. Außerdem ist dieser Kuchen überaus praktisch. Da man ihn auch gut aus der Hand essen kann, eignet er sich hervorragend als leckeres Essen an einem sommerlichen Abend, den man in geselliger Runde im Garten oder auf der Terrasse verbringt.

2000
Français

NACHSPEISEN

Engelshaar und Noahs Pudding

TÜRKISCHE DESSERTS

GEBACKENES ENGELSHAAR
75 g Zucker
75 g Honig
2 EL Zitronensaft
80 g ungesalzene Pistazien
250 g frisches Engelshaar
etwa 100 g Butter
125 g Frischkäse aus Kuh- oder Ziegenmilch

NOAHS PUDDING
125 g Weizenkörner
125 g gekochte Kichererbsen
125 g getrocknete Aprikosen
100 g getrocknete Feigen
100 g Datteln ohne Kern
125 g Rosinen
100 g Honig
150 g Zucker
1 TL Zimt
1 TL Lebkuchengewürz
4 EL Rosenwasser
3 Orangen
1 Granatapfel
125 g gehackte Walnüsse

GEBACKENES ENGELSHAAR
Den Zucker mit Honig, 100 Milliliter Wasser und Zitronensaft bei milder Hitze etwas einkochen. Die Pistazien fein hacken. Die Engelshaarfäden 20 bis 25 Minuten in feuchte Küchentücher wickeln. Anschließend in 8 Portionen teilen. Den Backofen auf 200 °C (Gas Stufe 3–4, Umluft 180 °C) vorheizen. Die Butter verflüssigen und ein Backblech mit Butter einfetten.
Die Hälfte des Engelshaars in 4 Häufchen auf das Backblech setzen und mit etwas Butter beträufeln. Den Käse mit einer Gabel zerkrümeln und in die Mitte der Teigfäden setzen.
Mit einigen Pistazien bestreuen und mit etwas Butter beträufeln. Jeweils eine zweite Portion Engelshaar auf den Käse platzieren, etwas andrücken und mit der restlichen Butter beträufeln. Das Backblech auf die mittlere Schiene in den Backofen schieben und das Dessert in 15 bis 20 Minuten goldgelb backen. Auf Desserttellern anrichten, mit dem Sirup beträufeln und mit den restlichen Pistazien bestreuen.

NOAHS PUDDING
Die Weizenkörner über Nacht in kaltem Wasser einweichen. Am nächsten Tag das Einweichwasser abgießen und die Körner mit frischem Wasser bedecken. Aufkochen, die Hitze reduzieren und die Körner in 2 Stunden bei milder Hitze köcheln lassen. Die Kichererbsen ohne Flüssigkeit zum Weizen geben und für 1 weitere Stunde mitkochen. Die Hälfte der Masse grob pürieren und mit den ganzen Körnern wieder mischen. Aprikosen, Feigen und Datteln vierteln. Mit den Rosinen mischen und 30 Minuten in warmem Wasser einweichen. Mit Honig, Zucker, Zimt und Lebkuchengewürz zur Weizenmischung geben und so viel Wasser zugießen, dass die Masse nicht zu dick, aber auch nicht zu flüssig ist. Das Ganze einmal aufkochen und mit dem Rosenwasser aromatisieren. Die Orangen waschen und wie Äpfel schälen. Die Früchte in Scheiben schneiden und diese vierteln. Den Granatapfel quer halbieren und die einzelnen Kerne auslösen. Zum Servieren das lauwarme Dessert mit einem Großteil der Orangen, Granatapfelkerne und Walnüssen mischen, den Rest über das Dessert streuen.

Frischkäsedessert und Kaltschale mit Melonen

GRIECHISCHE DESSERTS

HONIG-FRISCHKÄSEAUF-LAUF
4 Eier
75 g Zucker
1 Päckchen Vanillezucker
1 TL Zimt
etwas geriebene Zitronenschale
1 Prise Salz
250 g Magerquark
200 g körniger Frischkäse
125 ml süße Sahne
1 Päckchen Vanillepuddingpulver
200 g Honig
125 g Rumrosinen (Fertigprodukt)
4 EL gehackte Mandeln
Butter für die Form
2 EL gehackte Pistazien

MELONENKALTSCHALE
2 Netzmelonen
6 EL Orangenlikör (z. B. Cointreau)
2 unbehandelte Orangen
1 unbehandelte Zitrone
125 g helle Weintrauben
125 g blaue Weintrauben
200 g griechischer Rahmjoghurt
½ TL Zimt
2 EL Puderzucker
12 grob gehackte Walnusskerne
4 EL Honig
2 Stängel Pfefferminze

HONIG-FRISCHKÄSEAUFLAUF
Die Eier trennen. Das Eiweiß halb steif schlagen, den Zucker unter Rühren einrieseln lassen und ganz steif schlagen. Den Eischnee kühl stellen. Die Eigelbe mit Vanillezucker, Zimt, Zitronenschale und Salz cremig rühren. Den Quark mit dem Frischkäse, der Sahne, dem Vanillepuddingpulver und dem Honig glatt rühren. Die Eigelbmasse mit dem Quark verrühren. Die Rumrosinen und die gehackten Mandeln zugeben. Den Eischnee unterheben. Den Backofen auf 200 °C (Gas Stufe 3–4, Umluft 180 °C) vorheizen. Eine Springform (22 cm Durchmesser) mit Butter einfetten und die Creme einfüllen. Die Form auf die mittlere Schiene in den Backofen stellen und den Auflauf 45 bis 50 Minuten backen. Die Form aus dem Backofen herausnehmen und den Auflauf in der Form 1 Stunde auskühlen lassen.
Aus der Form lösen und mit Pistazien bestreuen.

MELONEN-KALTSCHALE
Die Melonen längs halbieren und die Kerne entfernen. Das Fruchtfleisch herauslösen und in kleine Würfel schneiden. Die ausgehöhlten Melonenhälften kühl stellen. Das Fruchtfleisch mit dem Likör übergießen und mindestens 2 Stunden durchziehen lassen.
1 Orange und die Zitrone waschen und trockenreiben. Die Schalen mit einem Zestenreißer in Streifen abziehen. Beide Orangen wie Äpfel schälen und in mundgerechte Stücke schneiden. Die Zitrone auspressen. Die Weintrauben waschen, halbieren und entkernen. Orangen, Schalenstreifen, etwas Zitronensaft und Weintrauben mit den Melonenwürfeln mischen. Den Joghurt mit Zimt, etwas Zitronensaft und gesiebtem Puderzucker verrühren. Zum Servieren die Früchte in die ausgehöhlten Melonenhälften füllen. Joghurt und Walnüsse darüber verteilen und mit Honig beträufeln. Einige Pfefferminzblätter in Streifen schneiden und darüber streuen.

Leche Assada und Orangencreme

SPANISCHE DESSERTS

GEBACKENE MILCH
MIT SHERRYFRÜCHTEN
100 g Butter
125 g Mehl
250 ml Milch
1 Vanilleschote
etwas geriebene Zitronenschale
etwas geriebene Orangenschale
175 g Zucker
1 Prise Salz
5 Eigelb
etwas Öl für die Form
1 Ei
75 g gemahlene Mandeln
75 g Paniermehl
½ TL gemahlener Anis
etwas Mehl zum Bestäuben
Butterschmalz zum Braten
3 Orangen
125 g Erdbeeren
6 EL trockener Sherry

ORANGENCREME
215 g Zucker
8 Blatt weiße Gelatine
4 Eigelb
4 EL Orangenlikör
400 ml Orangensaft (frisch)
2 EL Zitronensaft
1 TL geriebene Orangenschale
3 Eiweiße
1 Prise Salz
200 ml süße Sahne
2 unbehandelte Orangen
2 EL Creamsherry
1 TL Kakaopulver

GEBACKENE MILCH
MIT SHERRYFRÜCHTEN
Am Vortag die Butter erhitzen, das Mehl dazusieben und glatt rühren. Nach und nach die Milch einrühren. Die Vanilleschote längs aufschneiden und das Mark herausschaben. Vanillemark, Zitronenschale, Orangenschale, 125 g Zucker und Salz in de Milch einrühren Die Masse bei milder Hitze unter Rühren 3 Minuten köcheln lassen. 4 Eigelbe mit einer Gabel kurz aufschlagen und in die heiße Masse einrühren. 1 bis 2 Minuten erhitzen, aber nicht kochen lassen. Eine flache Form dünn mit Öl bestreichen und die Masse einfüllen. Offen über Nacht auskühlen lassen. Am nächsten Tag die Creme stürzen und in Rauten schneiden.
1 Eigelb mit dem Ei verrühren. Mandeln, Paniermehl und Anispulver mischen.
Butterschmalz erhitzen. Die Rauten beidseitig mit Mehl bestäuben, durch das Ei ziehen, in die Mandelmischung drücken und goldgelb ausbacken.
Für die Sherryfrüchte die Orangen wie Äpfel schälen, die Filets herauslösen und die Fruchtrückstände ausdrücken. Erdbeeren putzen und in dünne Scheiben schneiden.
50 g Zucker zu Karamell schmelzen, mit Sherry und Orangensaft ablöschen und über die Orangen und Erdbeeren gießen.

ORANGENCREME
100 g Zucker zu hellem Karamell schmelzen, in eine Savarinform gießen und fest werden lassen. Die Gelatine 10 Minuten in kaltem Wasser einweichen. Die Eigelbe mit 100 g Zucker im Wasserbad cremig aufschlagen.
Die Gelatine gut ausdrücken und in dem Likör bei milder Hitze auflösen. Mit der Eigelbmasse mischen. Beide Zitrussäfte und die Orangenschale einrühren Die Creme kühl stellen, aber nicht gelieren lassen. Das Eiweiß mit etwas Salz steif schlagen. Die Sahne steif schlagen. Zuerst den Eischnee, dann die Sahne unter die Creme heben und in die Form gießen. Mindestens 6 Stunden kühl stellen.
Orangen waschen, trockenreiben und Schalenstreifen abziehen. Die Früchte schälen, die Filets auslösen und die Fruchtrückstände ausdrücken. Mit dem restlichen Esslöffel Zucker und Sherry mischen und über die Filets gießen. Eine Platte mit Kakao bestäuben, die Creme darauf stürzen und garnieren.

Zuppa Inglese und Heisse Pfirsiche

ITALIENISCHE DESSERTS

ZUPPA INGLESE
3 Scheiben Panettone oder Sandkuchen
Mandellikör (z. B. Amaretto)
1 Blatt weiße Gelatine
2 Eigelbe
75 g Zucker
1 Päckchen Vanillezucker
150 g Ricotta oder Magerquark
50 g gehackte kandierte Früchte
2 EL Zitronensaft
250 ml süße Sahne
150 g Zartbitter-Schokolade
1 Tasse Espresso
35 g Mandelkekse (z. B. Amaretti)
2 Eiweiße
3 EL Puderzucker
4 El. gehackte Pinienkerne

HEISSE PFIRSICHE
2 weiße Pfirsiche
2 gelbe Pfirsiche
500 ml Pfirsichnektar
100 g Mandelkekse (z. B. Amaretti)
8 bis 10 EL Mandellikör (z. B. Amaretto)
2 EL gehackte Mandeln
2 EL flüssige Butter
1 Eigelb
8 ganze Mandeln, gehäutet
Hagelzucker zum Bestreuen
125 ml süße Sahne

ZUPPA INGLESE
Die Kuchenscheiben mit etwas Mandellikör beträufeln. Für die helle Creme die Gelatine kalt einweichen. Eigelbe mit Zucker und Vanillezucker im Wasserbad schaumig rühren. Ricotta und Früchte untermischen. Die Gelatine ausdrücken, in 2 Esslöffel Mandellikör erwärmen und mit 1 Esslöffel Zitronensaft unter die Creme rühren. 100 Milliliter Sahne steif schlagen und unter die Creme heben. Für die Schokoladencreme gut 100 Gramm Schokolade grob hacken und im Espresso erwärmen. Die Kekse zerbröseln. 50 Milliliter Sahne mit den Bröseln unter die aufgelöste Schokolade rühren. Die restliche Schokolade fein raspeln, die restliche Sahne steif schlagen und beides unter die Creme heben.
1 Kuchenscheibe in eine feuerfeste Form legen und mit der hellen Creme bestreichen. Die zweite Scheibe auflegen, leicht andrücken, mit der Schokoladencreme bestreichen und mit der dritten Scheibe bedecken. 4 Stunden kühlen. Den Grill vorheizen. Eiweiß mit 1 Esslöffel Zitronensaft und Puderzucker steif schlagen. Pinienkerne unterheben. Eischnee über das Dessert verteilen, kurz unterm Grill bräunen.

HEISSE PFIRSICHE
Die Pfirsiche halbieren, entsteinen und die Haut abziehen. Den Pfirsichnektar erhitzen und die Pfirsiche darin 5 Minuten garen. Herausnehmen, die Vertiefungen der Früchte etwas vergrößern und das ausgelöste Fruchtfleisch klein schneiden. Die Kekse zerbröseln und mit dem Fruchtfleisch mischen. 6 Esslöffel Mandellikör, die Mandeln, die Butter und das Eigelb zugeben und alles gut miteinander verrühren. Falls die Füllung zu trocken ist, noch etwas Mandellikör zugeben. Den Backofen auf 200 °C (Gas Stufe 3–4, Umluft 180 °C) vorheizen. Die Füllung in die ausgehöhlten Pfirsichhälften verteilen und in die Mitte jeweils 1 Mandel drücken. Die Früchte in eine feuerfeste Form setzen. Etwas Pfirsichnektar und den restlichen Likör dazugießen. Die Form auf die mittlere Schiene in den Backofen stellen und das Dessert 15 Minuten backen. Die Form aus dem Backofen nehmen und das Dessert mit etwas Hagelzucker bestreuen. Die Sahne steif schlagen und 2 Esslöffel Mandellikör einrühren. Die aromatisierte Sahne zu den warmen Früchten reichen.

Weinberg-Dessert

HASELNUSSGEBÄCK MIT GRAPPAGELEE

GRAPPAGELEE MIT HASELNUSSSTANGEN

FÜR DAS GRAPPAGELEE:
9 Blatt weiße Gelatine
250 ml Grappa di Moscato
500 ml Gewürztraminer
125 g Zucker
2 EL Zitronensaft
300 g helle Muskattrauben
250 g blaue Weintrauben

FÜR DIE HASELNUSSSTANGEN:
50 g Puderzucker
50 g gehackte Haselnusskerne
1 EL Butter
250 g Mehl
1 Päckchen Trockenhefe
100 ml Gewürztraminer
2 EL Haselnussöl
4 EL große Rosinen
etwas geriebene Orangenschale
1 Eigelb
Puderzucker zum Bestäuben

FÜR DAS GELEE die Gelatine 10 Minuten in kaltem Wasser einweichen. Den Grappa mit dem Gewürztraminer, dem Zucker und dem Zitronensaft erhitzen. Die Gelatine gut ausdrücken, in der warmen Flüssigkeit unter Rühren auflösen und kühl stellen. Die Trauben putzen, waschen, abtropfen lassen, halbieren, entkernen und häuten. Bevor die Flüssigkeit zu gelieren beginnt, die Trauben einrühren. Die Mischung in ein großes Gefäß oder 4 kleine Schälchen oder Gläser füllen und im Kühlschrank in 4 bis 6 Stunden fest werden lassen.

FÜR DAS GEBÄCK zunächst den Nusskrokant herstellen. Dafür den Puderzucker zu hellem Karamell schmelzen. Die Haselnüsse und die Butter unter den Karamell rühren und die Mischung auf einem Teller abkühlen lassen. Das Mehl in eine Schüssel sieben und mit der Hefe mischen. Den Wein auf etwa 34 °C erwärmen, mit dem Öl zum Mehl geben und alles verrühren. Abgedeckt 10 Minuten beiseite stellen. Den Nusskrokant grob mahlen oder im Blitzhacker zerkleinern. Die Rosinen mittelfein hacken. Den Nusskrokant, die Rosinen und die Orangenschale unter den Teig mischen. Ein Backblech mit Backpapier auslegen. Aus dem Teig 24 fingerdicke Rollen formen und auf dem Backblech abgedeckt 30 Minuten ruhen lassen. Den Backofen auf 180 °C (Gas Stufe 2–3, Umluft 160 °C) vorheizen. Die Stangen mit Eigelb bestreichen und mit etwas Puderzucker bestäuben. Die Haselnussstangen auf der mittleren Schiene 20 bis 25 Minuten backen.

ZUM SERVIEREN das Gelee auf eine Platte oder auf Dessertteller stürzen und mit den Haselnussstangen anrichten.

Der Grappa war ursprünglich das Getränk armer Weinbergarbeiter. Die Besitzer der Weinberge überließen einst ihren Arbeitern den Trester, also die Reste, die nach dem Pressen der Trauben noch übrig blieben. Ein gewitzter Arbeiter kam auf die Idee diese Reste nochmals zu brennen und erhielt bei dieser Prozedur den köstlichen Grappa, der zu einer Art Nationalgetränk Italiens geworden ist.

GRAPPA
DI
MOSCATO

Reis mit Schwips

REISDESSERT

REISDESSERT AUS MAROKKO
40 g Rosinen
2–2½ EL Orangenblütenwasser
1 Liter Milch
60 g Milchreis
20 g Reismehl
35 g Speisestärke
60 g brauner Zucker
80 g gemahlene Mandeln
1 EL Zimt zum Bestreuen des Desserts

SHARON-MARMELADE
4 Sharonfrüchte, Fruchtfleisch netto etwa 300 g
1 Zitrone
150 g Extra-Gelierzucker
½ TL abgeriebene Orangenschale von einer unbehandelten Frucht

Tipp:
Sollten Sie keine unbehandelten Orangen bekommen, dann können anstelle der abgeriebenen Orangenschale 2 EL Orangenlikör zugefügt werden.

REISDESSERT AUS MAROKKO
Die Rosinen in Orangenblütenwasser einlegen. Die Milch zum Kochen bringen und den Reis hineinstreuen, einmal durchheben und abgedeckt bei mäßiger Temperatur ohne umzurühren rund 20 Minuten köcheln lassen, bis der Reis fast gar ist. Reismehl und Speisestärke mit wenig kaltem Wasser verrühren und mit Zucker und Mandeln in den Reis rühren. Nun unter ständigem Rühren fertig kochen. Der Reis sollte gar sein, jedoch noch etwas Biss haben. Vom Herd nehmen und die in Orangenblütenwasser eingelegten Rosinen unterrühren. In eine schöne Schale füllen und mit Zimt bestreut servieren.

SHARON-MARMELADE (unten)
Die Früchte aufschneiden und das Fruchtfleisch mit einem Löffel herausnehmen oder, wenn die Früchte nicht so reif sind, schälen. Die Menge Fruchtfleisch abwiegen, 300 g werden benötigt. Den Saft der Zitrone auspressen. Das Fruchtfleisch mit dem Gelierzucker und der Orangenschale nach Vorschrift etwa 1 Minute kochen. Vom Herd nehmen und mit dem Zitronensaft abschmecken. In ein Glas füllen und sofort verschließen.

Dieses Reisdessert aus Marokko erinnert sehr an den auch bei uns üblichen Milchreis. Allerdings beweisen die Marokkaner einmal mehr, dass ihre Köche unglaublich phantasievoll sind und das einfachste und bekannteste Rezept noch in einen raffinierten Gaumenschmaus verwandeln können. Durch die Zugabe von in Orangenblütenwasser eingelegten Rosinen erhält dieser Milchbrei eine völlig neue, exotische geschmackliche Note. Wer mag, kann das Reisdessert sogar mit einem kleinen Klecks der köstlichen Sharon-Marmelade dekorieren. Ein solches Dessert garantiert Exotik pur.

Manouri-Vanille-Dessert

BLÄTTERTEIGPASTETE

300 g Tiefkühl-Blätterteig
100 g Butter
100 g Manouri
3 Eier
1 Vanilleschote, längs aufgeschnitten
150 g Zucker
½ Liter Milch

AUSSERDEM:
Mehl zum Ausrollen

Blätterteig auftauen lassen. Butter zerlassen. Manouri zerkleinern. Backofen auf 200 °C (Umluft 180 °C, Gas Stufe 3–4) vorheizen. Eine flache Form kalt ausspülen. Blätterteig einzeln dünn ausrollen. Eine Platte so in die Form legen, dass die Ecken über den Rand hängen. Die Teigplatte mit Butter einpinseln und mit wenig Manouri bestreuen. Die nächste Platte so darauf legen, dass die überhängenden Ecken etwas versetzt sind. Mit Butter einpinseln und mit Käse bestreuen. So verfahren, bis alle Platten aufgebraucht sind. Die oberste Schicht mit Butter einpinseln, die Teigecken nach innen klappen und einpinseln. Den Teig in Quadrate mit 3 cm Kantenlänge schneiden. Den Teig etwa 25 Minuten backen.
Die Eier in eine Schüssel geben. Das Mark der Vanilleschote ausschaben und mit Schote und Zucker zufügen. Die Milch aufkochen und zur Seite ziehen. Aus den Eiern die Schote entfernen und die Milch nach und nach unterrühren. Alles zurück in den Topf geben und unter Rühren bei schwacher Hitze cremig werden lassen, aber keinesfalls aufkochen. Den Topf kurz in Eiswasser stellen und die Creme durchrühren. Über den Blätterteig gießen und noch 8 bis 10 Minuten bei 225 °C im oberen Backofenbereich bräunen. Warm servieren.

Dieses griechische Dessert eignet sich auch hervorragend als süße Hauptspeise. Da es warm gegessen wird, wird man von einer etwas größeren Portion so richtig satt. Der Manouri, der diesem Gericht seine besondere Note verleiht, wird aus der Milch griechischer Schafe zubereitet. Sobald die Lämmer entwöhnt sind, bereiten die Hirten aus der neuen, vollfetten Milch den Kefalotiri, einen Hartkäse zu. Der Manouri wird aus der dabei entstehenden Molke gewonnen.

Französisches Käsedessert

REBLOCHON AUF BIRNEN

4 reife, aromatische Birnen
1 Reblochon
200 g rote Trauben ohne Kerne
50 g grob gehackte Walnüsse
2 EL Walnussöl
Sherry- oder Traubenessig
1 EL herber Honig
2 EL Traubenkernöl
Salz, frisch gemahlener Pfeffer

AUSSERDEM:
etwas Butter, einige Minzeblättchen

Backofen auf 200 °C mit Oberhitze vorheizen oder die Grillschleife erhitzen. Backblech mit Butter leicht fetten. Die Birnen waschen, schälen, halbieren, Kerngehäuse entfernen und in ½ cm dicke Scheiben schneiden. Die Scheiben auf das Backblech legen. Den Reblochon ebenso in ½ cm dicke Scheiben schneiden und auf die Birnenscheiben legen. Die Trauben waschen und 10 davon zur Seite legen. Die restlichen Trauben halbieren, mit den Walnüssen zu einem Salat vermischen und mit Walnussöl und etwas Essig marinieren. Das Backblech in den Backofen geben und den Reblochon auf den Birnen schmelzen beziehungsweise gratinieren lassen.
In der Zwischenzeit die 10 Trauben pürieren und durch ein Sieb streichen. Den Honig erwärmen und mit dem Traubenkernöl und etwas Essig unter das Traubenpüree rühren. Diese Sauce salzen, pfeffern und auf Teller gießen. Die gratinierten Birnen auflegen und mit dem Trauben-Walnuss-Salat anrichten.
Mit Minze dekorieren.

Käse schließt den Magen. Was die Franzosen schon immer wussten, demonstrieren ihre Köche mit diesem Dessert auf eindrucksvolle Weise. Wie in den meisten Ländern des Mittelmeerraumes liebt man in Frankreich gutes Essen im Kreise der ganzen Familie. Und was gibt es Schöneres als nach einem üppigen Essen mit bereits angenehm vollem Bauch zusammen zu sitzen und sich in geselliger Runde von diesen süßen mit herzhaftem Käse überbackenen Birnen verwöhnen zu lassen?

Dattelschäumchen und Walnusstaler

MEDITERRANES GEBÄCK

DATTELSCHÄUMCHEN

Für 40 Stück
300 g frische Datteln
100 g Walnusskerne
1 Stück frischer Ingwer
200 g Kokosraspeln
5 Eiweiß, 1 Prise Salz
1 Limette
1 Päckchen Vanillezucker
4 EL Akazienhonig

ZUBEREITUNGSZEIT:
15–20 Minuten
Backzeit: 15–20 Minuten

WALNUSSTALER

Für 26 Stück
1 Ei
200 g Walnusskerne
100 g ungeschwefelte Sultaninen
2 EL Whisky
200 g Weizenmehl Type 1050
1 TL Weinsteinbackpulver
1 Msp. Jodsalz
1 Päckchen Vanillezucker
100 g Butter
70 g Akazienhonig

Zubereitungszeit:
20–25 Minuten
Kühlzeit: 30 Minuten
Backzeit: 12–15 Minuten

DATTELSCHÄUMCHEN (oben)
Die Datteln entkernen und fein würfeln, die Walnüsse mahlen und beides mischen. Den Ingwer schälen und ein wenig in eine Schüssel reiben, dann mit den gemahlenen Walnüssen, den Datteln und den Kokosraspeln mischen. Die Eiweiße mit etwas Salz steif schlagen. Die Limette heiß waschen, trockenreiben und ein wenig Schale zu den trockenen Backzutaten reiben. Die Frucht auspressen und mit dem Vanillezucker und dem Honig unter das Eiweiß heben. Zum Schluss die trockenen Zutaten unterheben.
Den Backofen auf 200 °C (Gas Stufe 3, Umluft 180 °C) vorheizen. Ein Backblech mit Backpapier auslegen. Mit einem leicht angefeuchteten Teelöffel 40 Häufchen aufs Backblech setzen und auf der mittleren Schiene in 15 bis 20 Minuten goldgelb backen.

WALNUSSTALER (unten)
Das Ei trennen. Dann 26 schöne Walnusskernhälften beiseite legen, den Rest fein mahlen. Die Sultaninen mit dem Whisky beträufeln. Das Mehl mit Backpulver, Salz, Vanillezucker, Butter, Honig, dem Eigelb, den gemahlenen Walnüssen und den Sultaninen verkneten. Den Teig zu zwei Rollen formen (Durchmesser etwa 3 cm) und 30 Minuten kühl stellen. Den Backofen auf 180 °C (Gas Stufe 2, Umluft 160 °C) vorheizen.
Die Teigrollen in 26 Scheiben schneiden und auf ein mit Backpapier ausgelegtes Backblech setzen. Das Eiweiß leicht anschlagen, die Teigscheiben damit bestreichen und mit jeweils einer Nusshälfte garnieren. Das Backblech auf der mittleren Schiene in den Ofen schieben und die Taler 12 bis 15 Minuten backen.

Einer Legende zu Folge hatte Gott nach der Erschaffung des Menschen noch ein wenig von dem Stoff übrig, aus dem er ihn geschaffen hatte. Aus diesem wertvollen Rest machte er die Dattel. Wer schon einmal frische Datteln, die in der Zeit vom Spätsommer bis in den Herbst hinein angeboten werden, probiert hat, der wird dieser Legende ohne Vorbehalte glauben.

Pommes au Calvados

BRATAPFEL MIT CALVADOSFÜLLUNG

Diese Bratapfelvariation für Erwachsene lebt von der eingefüllten Calvados-Creme. Der bernsteinfarbene Cidrebrand aus der Normandie wird in Frankreich auch gerne zwischen den Gängen bei einem längeren Menü getrunken. Dieses Ritual dient dazu „den Magen aufzuräumen“. „Faire le trou normand“, wie der Franzose zu sagen pflegt, was übersetzt soviel bedeutet wie „das normannische Loch schaffen“.

Für 4 Portionen

4–6 mittelgroße Äpfel (Cox Orange)
60 g Butter
100 g Zucker
100 g Crème fraîche
2–3 EL Calvados

Äpfel schälen, Kerngehäuse ausstechen, Äpfel in eine mit etwa 20 g Butter ausgestrichene feuerfeste Form setzen. Äpfel innen und außen mit Zucker bestreuen und mit Crème fraîche übergießen. Mit Butterflocken belegen. Im vorgeheizten Backofen, untere Schiene, bei 220 °C (Umluft 180 °C, Gas Stufe 4) etwa 30 Minuten backen. Äpfel zuletzt mit Calvados beträufeln.

Bûche de Noël

SCHOKOLADEN-BISKUIT-ROLLE

Ergibt etwa
12–16 Scheiben

FÜR DEN BISKUITTEIG:
3 Eier
3 Eigelb
1 EL heißes Wasser
75 g Zucker
1 Päckchen Vanillezucker
60 g Mehl
15 g Speisestärke
1 Msp Backpulver

FÜR DIE FÜLLUNG:
300 g Zucker
⅛ Liter Wasser
7 Eigelb
400 g Butter
70 g Kakaopulver

FÜR DIE GARNIERUNG:
50 g Marzipanrohmasse
25 g Puderzucker

FÜR DEN TEIG: Eier, Eigelb und heißes Wasser in einer Schüssel weißcremig schlagen; Zucker und Vanillezucker dazugeben und rühren, bis der Zucker gelöst ist. Das mit Backpulver und Speisestärke vermischte Mehl unterheben. Den Teig auf ein mit Backpapier ausgelegtes Backblech legen und glatt streichen. Das Papier vor dem Teig knicken, so dass ein Rand entsteht. Im vorgeheizten Backofen, mittlere Schiene, bei 200 °C (Umluft 170 °C, Gas Stufe 3) etwa 10 Minuten backen.
Die Teigplatte auf ein angefeuchtetes Geschirrhandtuch stürzen, das Papier schnell mit kaltem Wasser bestreichen und vorsichtig abziehen. Mit einem feuchten Tuch bedecken.

FÜR DIE FÜLLUNG: Zucker und Wasser 5 Minuten dick köcheln (Läuterzucker). Eigelb schaumig schlagen. Den Läuterzucker etwas abkühlen lassen und in feinem Strahl unterschlagen. Kurz weiter schlagen. Die zimmerwarme Butter mit dem Kakaopulver cremig rühren. Die Eigelbmasse einlaufen lassen und 5 Minuten kräftig aufschlagen. Die Biskuitplatte mit zwei Dritteln der Creme bestreichen, die Platte dann mit Hilfe des Handtuchs aufrollen. Die restliche Creme in einen Spritzbeutel (Zackentülle) füllen und Längsstreifen nebeneinander auf die Rolle spritzen. Von der Roulade eine Scheibe abschneiden und seitlich als „abgesägten Ast“ anfügen. Die Marzipanrohmasse mit Puderzucker verkneten. Daraus Blätter und Pilze formen und den Baumstamm damit garnieren.

Weihnachten auf Französisch. Dieses schokoladige Dessert wird in Frankreich traditionellerweise an Weihnachten gegessen, schmeckt aber natürlich zu jeder Jahreszeit. Seinen Namen trägt dieses Gebäck übrigens nicht umsonst, sein Aussehen erinnert tatsächlich an ein Holzscheit, das bedeutet Bûche nämlich. Aus einem normalen Holzscheit ein „Bûche de Noël“, ein weihnachtliches Holzscheit zu machen, ist sicherlich keine leichte Aufgabe, die man mit etwas Phantasie für die richtige Dekoration jedoch ganz einfach lösen kann.

Die Rezepte alphabetisch

Bildquellen/ Impressum

Bildquellen:
alle Bilder Sigloch Edition/Bildarchiv

Impressum

Internet: www.sigloch.de

Satz und Laout: Peter Hensel, P.H.DESIGN, Ludwigsburg
Druck: Friedrich Bischoff Druckerei GmbH, Frankfurt/Main
Papier: 135 g/m^2 Luxoartsilk
Schneider & Söhne, Kelkheim
Bindearbeiten: Sigloch Buchbinderei, Am Buchberg 8,
D-74572 Blaufelden
ISBN: 3-89393-298-4
978-3-89393-298-6

Reihenweise
Kulinarische Köstlichkeiten